新时代思政学科研究文库

# 思想政治教育场景论

主　编◎金国峰

副主编◎尹　俏　王明雪

光明日报出版社

**图书在版编目（CIP）数据**

思想政治教育场景论 / 金国峰主编；尹俏，王明雪
副主编 . -- 北京：光明日报出版社，2024.6. -- ISBN
978 - 7 - 5194 - 8070 - 7

Ⅰ . D64

中国国家版本馆 CIP 数据核字第 2024HL6312 号

## 思想政治教育场景论
### SIXIANG ZHENGZHI JIAOYU CHANGJINGLUN

| | | |
|---|---|---|
| 主　　编：金国峰 | 副 主 编：尹　俏　王明雪 | |
| 责任编辑：杨　娜 | 责任校对：杨　茹　贾　丹 | |
| 封面设计：中联华文 | 责任印制：曹　净 | |

出版发行：光明日报出版社

地　　址：北京市西城区永安路 106 号，100050

电　　话：010-63169890（咨询），010-63131930（邮购）

传　　真：010-63131930

网　　址：http：// book. gmw. cn

E - mail：gmrbcbs@ gmw. cn

法律顾问：北京市兰台律师事务所龚柳方律师

印　　刷：三河市华东印刷有限公司

装　　订：三河市华东印刷有限公司

本书如有破损、缺页、装订错误，请与本社联系调换，电话：010-63131930

开　　本：170mm×240mm

字　　数：168 千字　　　　　　　印　　张：13.5

版　　次：2024 年 6 月第 1 版　　　印　　次：2024 年 6 月第 1 次印刷

书　　号：ISBN 978 - 7 - 5194 - 8070 - 7

定　　价：85.00 元

# 序　言

　　传承、实践与创新是思想政治教育学科永续发展的必由之路。思想政治教育学科40年砥砺前行，取得了长足发展，积累了丰富经验和坚实基础，在规律把握中不断推进科学化。新时代思想政治工作作为治党治国的重要方式，需要思想政治教育学科的理论支撑，全面建设社会主义现代化国家的新征程也为思想政治教育学科发展实践提供了广阔天地。实践是创新的基础，创新是发展的关键，立足新时代思想政治教育学科实践，以揭示和运用规律、推动学科接续发展为旨归，深入总结思想政治教育学科创新成果，是新时代思想政治教育学科资政育人功能充分发挥的关键所在。

## 一、新时代思想政治教育学科研究具有深厚的实践基础

　　实践出真知，纵观40年学科发展历程，眺望新征程学科建设之路，实践始终是思想政治教育学科深化发展的丰沃土壤。一直以来，思想政治教育学科不仅承担着思想理论研究的使命，而且肩负着把研究成果转化为教育内容、完成马克思主义理论教育的任务。由此，思想政治教育学科在我国社会主义事业中举足轻重的地位充分展现。立足思想政治教育40年丰硕实践，思想政治教育学科不断深化理论基础，优化政策制

度设计，增进发展内生动力，推动内涵式发展，使思想政治教育的发展更加有积淀、更加有保障、更加有活力、更加有质量，在理论、制度、发展动力和发展模式上系统增进科学化，把思想政治教育的创新发展不断推向新高度。特别是党的十八大以来，以习近平同志为核心的党中央立足新时代中国特色社会主义的伟大实践，在思想政治教育领域提出了一系列新思想、新举措，这些重要思想和举措有机统一，体现出鲜明的时代特征，为思想政治教育学科的理论与实践创新发展提供了根本遵循。在习近平新时代中国特色社会主义思想的指导下，新时代思想政治教育学科蓬勃发展，理论研究的不断深化为我国思想政治工作提供了有力理论支撑，学科体系的日益完善助力推动形成具有中国特色、中国风格、中国气派的哲学社会科学体系，教育教学改革的不断推进切实提高了思想政治教育的质量和国际化水平，在加强国际交流合作、借鉴世界先进经验中实现了思想政治教育学科的创新发展。

踏上全面建设社会主义现代化国家的新征程，思想政治工作成为治党治国的重要方式，对此为思想政治工作科学化发展提供理论支撑的思想政治教育学科也迎来了广阔的发展空间。面对新征程中宣传思想领域的新挑战，思想政治教育学科在实践问题破解中实现了新发展。面向社会意识形态的多样化，随着我国社会经济的发展，人们的思想观念发生了深刻的变化，社会意识形态呈现出多样化态势。这就要求思想政治教育学科要主动适应这一变化，不断创新教育内容和方式，牢牢把握马克思主义在意识形态领域的指导地位。面向网络信息传播的迅速化，互联网的普及使得信息传播速度加快、范围更广。思想政治教育学科要关注网络空间的健康发展，引导网民树立正确的价值观，抵制不良信息的侵害。同时，善于运用现代信息技术，提高思想政治教育的实效性。面向国际交流的常态化，新时代国际交流日益频繁，不同文化、价值观的碰撞和交融使得人们的思想更加活跃。思想政治教育学科要关注国际形势的变化，教育人们树立国家意识、民族意识，坚定"四个自信"。面向社会问题的复杂化，随着我国社会转型的深入，各种社会问题日益凸显。思想政治教育学科要关注这些问题，引导人们正确认识和分析社会现象，树立正确的世界观、人生观和价值观。通过教育，提高人们的道德素质和社会责任感，为解决社会问题贡献力量。面向人才培养的多元化，新时代要着力培养德智体美劳全面发展的社会主义建设者和接班人，思想政治教育学科要在人才培养中发挥重要作用，着力培养能够担当民族复兴大任的时代新人。因此，新时代思想政治教育学科必须紧跟时代发展，积极融入中国式现代化建设实践，锚定打破困境的突破口，明确接续发展的生长点，找准质量提升的着力点，实现新时代思想政治教育学科的内涵式高质量发展。

## 二、深刻把握新时代思想政治教育学科研究的基本规律

把握规律是对思想政治教育本质的执着追求，40年来思想政治教育学科在规律探寻中砥砺前行，也将在规律指导下创新发展。思想政治教育学科具有突出的理论性和实践性，理论和实践相统一是贯穿思想政治教育发展始终的基本规律，理论是实践的指导，理论又在实践导向中创新并在实践检验中发展。为了回应新时代的发展要求，满足思想政治教育学科改革和创新的需求，新时代思想政治教育学科要注重理论创新、方法创新和课程创新。第一，新时代思想政治教育的理论创新应立足马克思主义理论的基本原理，紧密结合新时代中国特色社会主义事业的发展实际，着力探讨思想政治教育规律的新表现、新实践和新发展，

深入研究新时代思想政治教育的重大理论和实践问题。第二，与时俱进是思想政治教育发展规律的本质要求，新时代思想政治教育学科的方法创新应注重结合现代科技手段，提高思想政治教育的针对性和实效性。同时，注重传统方法与现代科技手段的有机结合，如线上线下相结合、情感与理性相统一等，实现新时代思想政治教育方法的创新性发展。第三，新时代思想政治教育学科的课程创新应着力推进大中小学思想政治教育一体化建设，实现课程体系的系统化、科学化。此外，注重课程内容的更新，将习近平新时代中国特色社会主义事业的新理论、新成果融入课程体系中，提高课程的时代性。

遵循和运用规律是新时代思想政治教育学科发展的必由之路，在规律深化中将思想政治教育学科研究引向深入。思想政治教育学科应坚持马克思主义理论，特别是习近平新时代中国特色社会主义思想的指导地位，坚定理论自信；贯彻以人民为中心的发展思想，在服务党和国家中心工作中实现学科发展；积极融入中国实践，总结中国经验，贡献中国智慧；推动与其他学科的交叉融合，拓宽研究领域；着力加强学科队伍建设，提高学科人才的培养质量。总而言之，新时代思想政治教育学科应坚持规律指导，紧紧抓住发展机遇，积极应对挑战，随着思想政治教育理论与实践研究的不断深入、研究视野的持续开拓，思想政治教育必将在守正创新中不断深化，思想政治教育学科必将在内涵式发展的道路上迈向新高度。

## 三、丰富拓展新时代思想政治教育学科研究文库

满眼生机转化钧，天工人巧日争新。在思想政治教育学科发展过程中，一大批中青年学者通过积极参与学科建设工作，逐渐崭露头角，成

长为独当一面的学术骨干。他们在研究过程中不断拓宽视野，提出富有创新性的观点，为学科理论体系注入了新的活力。这些中青年学者不仅推动了思想政治教育学科的繁荣发展，还为培养新一代思政人才、服务国家和社会做出了重要贡献。在长期的学术探索中，这些中青年学者立足于时代发展的前沿，深入研究思想政治教育的核心问题，积极回应新时代面临的挑战。他们勇于突破传统研究范式，不断创新理论框架，为学科发展提供了源源不断的动力。同时，他们还注重将理论研究与实践应用紧密结合，持续丰富思想政治教育学科理论体系。在成长过程中，这些中青年学者紧紧把握时代脉搏，关注国家和社会发展需求，深入挖掘优秀传统文化资源，借鉴国际先进经验，积极探索适应新时代的教育方法，以期为我国思想政治教育事业的发展贡献力量。在研究过程中，这些中青年学者充分发挥自身优势，勇于突破传统束缚，以全球视野和时代高度审视思想政治教育的发展。他们结合国际国内的新形势、新任务，对学科的理论体系进行深入挖掘和创新发展，为构建具有中国特色、世界水平的思想政治教育学科体系做出了积极努力。在未来的道路上，这些中青年学者将以更加坚定的信念、更加宽广的视野、更加严谨的态度，为思想政治教育学科的繁荣发展贡献力量，为实现中华民族伟大复兴的中国梦书写新的篇章。

基于此，我们精心策划了这套具有鲜明时代特色和实践价值的《新时代思政学科研究文库》，组织了一批在我国思想政治教育领域具有重要成就的中青年学者，呈现他们对于思想政治教育的深入认识和系统观点。丛书从不同维度对思想政治教育学科理论和实践问题作出探索性研究，深入剖析了新时代思想政治教育的核心议题，为丰富思想政治教育学科理论体系提供了参考。丛书第一批次包括《网络时代高校思

想政治教育对象研究》《高校思想政治理论课教学研究》《新时代高校
思政课"八个相统一"规律研究》《思想政治教育内生动力理论研究》
《思政课教师专业发展研究》《思想政治教育场景论》《思想政治教育接
受动力研究》《社会主义意识形态价值结构纵横论》8本分册。其中,
《网络时代高校思想政治教育对象研究》深入剖析网络时代高校思想政
治教育目标群体特征和需求的变化,强调网络环境对教育对象的影响,
为提升思想政治教育效果提供了理论支撑。《高校思想政治理论课教学
研究》从教学角度出发,研究了高校思想政治理论课的改革创新,提
出了教学模式、教学方法、教学评价等方面的创新举措,为提高教学质
量提供了有益借鉴。《新时代高校思政课"八个相统一"规律研究》围
绕习近平总书记对思政课建设的改革创新方法论进行了系统的学理性阐
述,深刻总结了思政课建设长期以来形成的规律性认识,构成一个紧密
联系、有机统一的整体。《思想政治教育内生动力理论研究》系统探究
了思想政治教育内生动力的核心问题,为认识和激发内生动力进而推动
思想政治教育内涵式发展奠定了理论基础。《思政课教师专业发展研
究》聚焦中学思政课教师群体,着眼教师专业发展视角,深入探究了
中学思政课教师专业发展的基本过程,为提升教师队伍的整体素质提供
了理论和实践指导。《思想政治教育场景论》从场景角度出发,论证了
思想政治教育场景的多样性、针对性和实效性,探讨了思想政治教育的
有效实施途径。《思想政治教育接受动力研究》通过研究思想政治教育
的接受动力,强调教育对象的接受动力是提高教育效果的关键,教育者
应关注教育对象的兴趣、需求和困惑,从而有针对性地开展教育活动。
《社会主义意识形态价值结构纵横论》从价值视角出发,系统分析了社
会主义意识形态的价值结构,为做好新时代意识形态工作提供了借鉴。

　　总体而言,《新时代思政学科研究文库》既着力为思想政治教育学科中青年学者提供平台和窗口，也推动研究成果有力支撑我国思想政治教育的创新发展，为中国式现代化建设培养德智体美劳全面发展的社会主义建设者和接班人贡献力量。

北京师范大学思想政治工作研究院院长

冯刚

2024 年 2 月

# 目　录
## CONTENTS

# 绪　论

　　"场景"理论与思想政治教育相结合，就是利用各类育人场景，将思想政治教育的内容进行整合创新，使其成为能够让人真实感触和体验的思想政治教育场景，力求以更方便灵活的形式让人获得更加真切更加有效的思想政治教育。当今时代，人类社会生产生活的场景日新月异，思想政治教育的仪式场景、红色场景、实践场景、文化场景、数字场景的形式和内容也在不断更新迭代，这就需要在明辨思想政治教育场景的"变"与"不变"中，进一步深化对思想政治教育场景内容、营造与运用的规律性认识，不断丰富和完善思想政治教育场景理论体系。应基于思想政治教育场景论的生成逻辑和时代背景，厘定思想政治教育场景的科学内涵，剖析思想政治教育场景的营造和运用的依据、原则、方法，全面阐释思想政治教育场景各类形态的内涵、功能和运用，从而进一步发展思想政治教育理论和实践，完善新时代思想政治教育学科体系。

## 一、思想政治教育场景化何以必要

　　场景化育人是思想政治教育的传统优势，随着网络化、信息化、数字化、智能化不断深入，思想政治教育场景日益丰富，思想政治教育场景化成为势不可当的历史发展趋势。习近平总书记指出，"推动思想政治工作传统优势同信息技术高度融合"①，随着网络信息技术的快速发展，加快推动思想政治教育场景化理论与实践，进而全面阐释思想政治教育场景论，是贯彻落实习近平总书记关于思想政治工作重要讲话精神的政治要求，也是新时代思想政治教育深刻把握和全面遵循思想政治工作规律、教书育人规律、学生成长规律的必然发展方向。思想政治教育场景化，就是要以思想政治教育对象的真实诉求和现实需要为出发点、落脚点，充分调动、融合思想政治教育和场景的各要素，构建有利于人的自由而全面发展的体验场景，进而践行为党育人、为国育才使命的育人实践过程。

推动新时代思想政治教育场景化具有强烈的现实需要。首先，思想政治教育场景化是人的自由而全面发展的需要。习近平总书记强调，"现代化的最终目标是实现人自由而全面的发展"②，中国式现代化不仅是物质文明建设的现代化，也是精神文明建设的现代化。经过40多年的改革开放，我国积累了雄厚的物质技术基础，精神文明建设也取得了举世瞩目的成绩。新时代新征程新使命，思想政治工作作为党的一切工作的生命线，需要肩负起推动精神文明建设的重要使命。人类的需求从低到高依次为生理需求、安全需求、社交需求、尊重需求和自我实现需求，每一层面的需求尤其是自我实现需求要有丰富的精神文明作为支撑，越是丰富充盈的精神文明世界越能促进人自由而全面的发展。场景作为承载着价值观、世界观、人生观的育人平台，关注人的精神世界，聚焦人的知、情、意、行的有机统一，有利于达到以文化人、以文育人的效果。其次，思想政治教育场景化是全面推进中国式现代化的需要。

---

① 习近平在全国高校思想政治工作会议上强调：把思想政治工作贯穿教育教学全过程，开创我国高等教育事业发展新局面 [N]. 人民日报，2016-12-09.
② 携手同行现代化之路：在中国共产党与世界政党高层对话会上的主旨讲话 [N]. 人民日报，2023-03-16.

中国式现代化，需要营造和谐的社会氛围，而思想政治教育场景化的最大特点是社会性，即广泛引入社会资源，反过来又广泛影响社会发展，进而解决社会领域不平衡不充分的矛盾问题。比如，思想政治教育政治场景具有价值引领功能，能够调节、引导人们的行为规范和政治参与，强化政治认知、产生政治情感、实现政治认同、树立政治立场、促进政治行为。比如，思想政治教育历史场景，能够立体化呈现历史人物、历史事件，使红色文化鲜活起来，思想政治教育对象能够在身临其境中切身感受中国精神、中国力量的伟大，凝聚强大的精神力量和坚定的思想认同。再比如，思想政治教育舆论场景，主动地营造积极向上、充满正能量的社会舆论环境，进而及时疏导社会心理与情绪。当前，舆论环境十分复杂，需要破除"后真相"的弊端，用真实客观、及时有效、鼓舞人心的舆论占领人们的思想主阵地。最后，思想政治教育场景化是思想政治教育学科发展的需要。思想政治教育学科已经走过了40年的发展历程，但与其他学科相比，仍属于发展中的学科，需要随着时代发展、社会进步、人的需求的变化，而不断加强和完善。思想政治教育场景化，是思想政治教育学科发展的新的生长点和发展方向，新时代思想政治教育学科发展，需要回应时代之问、社会之问、人民之问，不断完善思想政治教育场景理论体系。

### 二、思想政治教育场景化何以可能

我国拥有极为丰富的思想政治教育场景资源，五千年的中华文明史、五百年的社会主义发展史、一百多年的中国共产党历史、七十多年的新中国发展史、四十多年的改革开放史、新时代中国特色社会主义事业取得的成就等，都为思想政治教育场景提供了丰富而厚重的历史文化资源。同时，快速发展的网络信息技术为思想政治教育场景的生成与发展提供了坚实的技术基础。正如习近平总书记指出，"要站在统筹中华民族伟大复兴战略全局和世界百年未有之大变局的高度，统筹国内国际两个大局、发展安全两件大事，充分发挥海量数据和丰富应用场景优势"①。党的十八大以来，党和国家将思想政治工作提升到前所未有的战略高度，学校积极践行立德树人的根本任务，"五育并举"培养时代新人成为全社会共识，"三全育人"综合改革不断深入，"大思政课"建设加快推进，一系列决策部署、政策措施、育人经验是发展思想政治教育场景理论体系的重要基础。

进入新时代，思想政治教育的环境和形势发生了巨大的变化。适应新形势、解决新问题，是新时代思想政治教育需要思考的重大课题。万变不离其宗，无论环境和形势如何变化，思想政治教育是做人的工作这一本质没有变化。因此，新时代思想政治教育要聚焦"人"背后的规律性问题。纵观当前思想政治教育环境和形势，首先，"人"的流动性大。当代青年穿梭于线上与线下、虚拟世界与现实社会，如何能够抓住流动性大的思想政治教育对象，需要打破思想政治教育固有的传统模式，加强思想政治教育场景的时空灵活性，实时满足思想政治教育对象此时此刻的感受和诉求，而不是限于固定的时空来进行知识传授、思想引领和价值塑造。可以说，关注和唤醒思想政治教育对象的主体意识是发展和完善思想政治教育场景论的重要前提。新时代思想政治教育需要适应"人"的流动性特点，加快建构满足思想政治教育对象感受和诉求的场景，强化"人"的思想政治教育参与感。其次，信息的碎片化严重。思想政治教育的育人过程，是通过信息媒介来实现的，或者是文字信息媒介，或者是图片信息媒介，抑或是视频信息媒介，随着网络化、信息化、数字化的深入，信息媒介呈现出碎片化特点，这一特点虽

---

① 中华人民共和国国民经济和社会发展第十四个五年规划和 2035 年远景目标纲要［M］. 北京：人民出版社，2021：46.

有利于思想政治教育要素的快捷传播，但不利于思想政治教育要素的持续完整有序呈现。而思想政治教育场景能够将碎片化的要素整合成有利于增强育人效果的思想政治教育要素综合体，发挥思想政治教育的整体性、系统性、有序性的育人效果。最后，育人的互动性要求高。一直以来，互动性是增强思想政治教育效果的重要方式，但需要注意的是思想政治教育实践过程中的互动性具有一定的规律。一方面，教育者在思想政治教育过程中具有主导性地位和作用。思想政治教育是有目的、有组织的育人实践过程，而无目的、无组织的育人实践活动，难以实现为党育人、为国育才的良好育人效果。另一方面，学习者在思想政治教育过程中具有主体性地位和作用。学习者的主观能动性发挥得越多越强，越容易形成思想政治教育实践活动的互动性，越容易增强思想政治教育效果。这一过程中，需要学习者积极反馈自身的切身感受和诉求，进而不断调适和完善思想政治教育。目前，学习者的自主权在不断强化，但思想政治教育互动实践中的感受与诉求反馈不够。基于这种现实，思想政治教育场景论的提出，就是要把思想政治教育主客体黏合在某一特定的场景中，进而加强两者的互动性。

### 三、思想政治教育场景化何以实现

"因事而化，因时而进，因势而新"是习近平总书记在 2016 年全国高校思想政治工作会议中提出的。"因事而化，因时而进，因势而新"的重要论断，充分彰显了习近平新时代中国特色社会主义思想的世界观和方法论，是做好新时代思想政治工作的行动指南，是推动思想政治教育场景化的根本遵循。

因事而化，遵循价值观的形成规律。情感来自认知，认同来自情感，践行来自认同，从认知到情感，再到认同，最终转化为外化行为，这是价值观形成的基本规律，其中，切身体验、感受是重要环节，而这一环节正可通过思想政治教育场景来实现。一个人价值观的形成不是偶然的，更不是毫无规律的，需要在持续的认知、感知、升华、思考、践行的过程中，不断生成、发展和强化。思想政治教育实践活动，如果脱离了场景、身体，那么，大脑和心理将会成为思想政治教育内容的"储藏间"，育人活动也会成为生硬抽象的灌输，最终结果是知识难以转变为素质，素质难以转变为能力，思考能力更难以转变为价值观念。新时代思想政治教育的场景化，就是要实现育人过程中思想政治教育客体的身心结合。需要注意的是，思想政治教育场景化，不是说要还原到"原始"场景，而是要发挥教育者的主导性和学习者的主体性，有目的地设计、建构和运用思想政治教育场景，克服纷繁复杂的外界因素干扰，实现学习者的身心共情、共融。

因时而进，做到此时此刻育人在场。传统意义上的思想政治教育场景往往是固定时间、地点和人物。固定化的育人场所，加强了课堂、寝室、实验室等思想政治教育阵地的建设。但随着时代的进步、社会的发展，需要推动新时代思想政治教育场景理论体系的不断完善和实践模式的不断创新。思想政治教育场景化，就是要打破传统的"入"则接受思想政治教育、"出"则终止思想政治教育的现象，而是不受时间、空间、场所的限制，开启随时随地、时时刻刻育人在场的衔接有效的思想政治教育新形态，这也符合"三全育人"综合发展、"大思政课"建设的工作原则和根本方向。思想政治教育一旦出现衔接不畅，很容易被各类社会思潮、非主流意识形态"钻空"。推动思想政治教育的场景化，促进教育场景与生活场景的有机统一，有助于思想政治教育客体在不知不觉、耳濡目染中接收接受思想政治教育，日用而不觉的习近平新时代中国特色社会主义思想、社会主义核心价值观等也能通过无处不在、无时不在的思想政治教育场景实现入脑入耳入心。

因势而新，适应人工智能发展趋势。ChatGPT 生成式人工智能的出现标志着人工智能技术进入新发展阶段。可以预见,生成式人工智能技术将加快推动思想政治教育场景化的发展。一方面,数字化、智能化的思想政治教育场景,将解构和重构原有的思想政治教育结构,教育者在思想政治教育过程中的主导地位、学习者在思想政治教育过程中的主体作用,将由人工智能重新定义。在思想政治教育场景数字化、智能化过程中,政府部门要发挥好引导、规范、监管生成式人工智能技术的重要职能,防止生成式人工智能"异化"现象,无论科学技术如何发展,都要为人类社会发展服务,因此,"安全"是思想政治教育场景数字化、智能化的前提和基础。另一方面,天下大势,浩浩荡荡,生成式人工智能的发展是任何力量都难以阻挡的发展大势,思想政治教育要顺势而为、乘势而上。天下大势,转瞬即逝,科学技术进步正在以人类难以预知的速度和规模迅猛发展,思想政治教育要把握好技术红利,应对好挑战风险,危中求机,转危为机。思想政治教育场景的数字化、智能化,不是简单地将数字技术、人工智能技术应用于思想政治教育场景营造和运营中,而是思想政治教育场景理念的转变、方法的升级、内容的迭代、形式的创新,关键是培养时代新人效果的增强。

# 第一章

# 思想政治教育场景的内涵

思想政治教育活动是人类教育实践活动的重要形式，思想政治教育场景是构成思想政治教育活动的重要因素。全面深刻地把握思想政治教育场景内涵，有利于充分认识和运用新时期思想政治教育发展的变化规律，有利于科学选择、规划、阐释、构建和创新思想政治教育课程内容及其教学模式，有利于全面推进素质教育、有效达成"立德树人"的教育目标，有利于打造思想政治教育精品品牌、全面提升思想政治教育课程的话语权和竞争力。

## 第一节　思想政治教育场景的概念

把握"思想政治教育场景"概念的内涵和外延，首先需要准确把握和理解"思想政治教育"和"场景"这两个概念的内涵和外延，在此基础上才能科学界定和阐释思想政治教育场景的内涵。思想政治教育场景的概念不应是简单的概念内涵交叉或推演，而应是现代场景理念应用于思想政治教育实践活动的提炼和升华。坚持马克思主义的基本立场、观点和方法，运用马克思主义中国化时代化的最新理论成果，将移动互联网时代下形成的场景理论的优势和智慧应用于思想政治教育领域，对思想政治教育场景概念做出符合时代发展潮流的界定和阐释，从而积淀生成思想政治教育理论和实践的发展动力与创新活力，应成为研究和把握思想政治教育场景理论的价值主旨和追求。

### （一）场景的概念

关于"场景"的概念，《现代汉语词典》解释为：一是指戏曲、电影、电视剧中的场面；二是泛指情景。与之相关，对"场面"概念的解释则是：一是指戏剧、电影、电视剧中由布景、音乐和登场人物组合成的景况；二是指叙事性文学作品中，由人物在一定场合相互发生关系而构成的生活情景；三是泛指一定场合下的情景。①

"场景"类似于"背景"，起到突出对象的作用。知觉心理学告诉我们："人的知觉范围是有限的，在对外界物体或现象进行知觉的每一瞬间，只有少数事物被知觉得较清晰，其余事物则被知觉得比较模糊。知觉得较清晰的物体或现象就是知觉的对象，其余部分就成为知觉的背景。"②《现代汉语词典》对"背景"的解释是：一是舞台上或电影电视剧里的布景。放在后面，衬托前景。二是图画、摄影里衬托主体事物的景物。三是对人物事件起作用的历史情况或现实环境。③ 从语言学的角度来看，语境就是使用语言的场景。语境是话语含义产生的重要因素，适应环境是提高语言表达效果的一个基本原则。语境可以分为言内语境和言外语境，言内语境指的是上下文，言外语境指的是交际活动的时间、空间等物理因素和社会环境、文化背景、自然环境及心理因素。④ 有的学者认为，场景这一术语最早被运用在小说艺术中，场景的

---

① 现代汉语词典［M］．北京：商务印书馆，1996：143．
② 杨清．简明心理学辞典［M］．长春：吉林人民出版社，1985：93．
③ 现代汉语词典［M］．北京：商务印书馆，1996：55．
④ 王希杰．汉语修辞学［M］．北京：商务印书馆，2004：52-55．

概念主要指情节的叙述段落和段落的画面性，也就是把视觉性的画面与文学性的语言相结合。场景是小说空间叙事的最主要的表现内容和重要手段，是小说艺术空间中的基本单位，是建构小说结构的主要形态。①在戏剧和影视艺术中，"场景"与"场面"通用，是一个具有完整叙事信息的在舞台空间上和镜头空间里的视听感觉的呈现，是组成叙事作品的基本单位。其发挥叙事功能的前提必须以舞台上或镜头里的人物以及人物间的台词、动作等人类活动为前提。"场景"的建构只有建立在戏剧艺术和影视艺术中角色表演基础之上，配合舞台上的布景和镜头中的实景，才能形成具有讲述功能的视觉呈现。②有的学者对英文语境下的场景词源进行了辨析，"scene""situation""context"都被翻译为场景。第一，"scene"是使用最广泛的"场景"翻译，其解释为：戏剧电影的一幕；舞台布景；事件行动的地点；活动范围。第二，"situation"也有场景之义，其解释为：位置；地点影响某事发生的要素环境和氛围；突然发生的问题和状况。第三，"context"的意思是：语法上的上下文和固定搭配；同 situation，有语境和情境之意。"scene""situation""context"三者的释义有相近之处，都含有"地点、位置、环境"之义，属于传统物质空间的范畴。③

移动互联网时代下形成的场景概念是场景应用于现代经济社会生活的产物，所谓场景革命，与其说是场景概念的突破，不如说是新理论新思想新技术带来的思维方式、行为习惯甚至价值观念的变革。考察美国现代场景理论发展进程，场景概念展示了从"物理场景"到"数字场景"的发展脉络。

---

① 张颖. 略谈戏剧和影视艺术中的叙事性场景 [J]. 新世纪剧坛，2018 (5)：54-58.
② 张颖. 略谈戏剧和影视艺术中的叙事性场景 [J]. 新世纪剧坛，2018 (5)：54-58.
③ 李田田. 词源、理论、思维方式：场景的学术史探究 [J]. 科技传播，2023 (7)：10-17.

　　作为早期的场景主义者，美国著名社会学家埃尔温·戈夫曼早在1956年所著的《日常生活中的自我呈现》将场景作为社会生活研究的重要分析单元，把社会比作舞台，采用场景研究方法来关注人类社会的行为，提出了"社会拟剧理论"。戈夫曼所界定的"场景"是根据有形的地点中的行为来定义的，是一种静态的物理场景。戈夫曼开启了场景主义研究的先河。

　　人类进入电子媒介时代，美国著名传播学者约书亚·梅罗维茨将埃尔温·戈夫曼的场景阐释社会行为的观点与马歇尔·麦克卢汉的媒介对社会行为影响的观点进行整合，重新界定了电子媒介时代场景的定义，认为"场景"是超越地域的信息系统的"场景"，是媒介技术造成的"场景"。既包括物理场景，如房间与建筑物，又包括由媒介创造出来的"信息场景"。人类进入互联网时代，美国知名记者罗伯特·斯考伯和谢尔·伊斯雷尔从技术驱动的视角对场景进行重新审视，认为移动设备、社交媒体、大数据、传感器和定位系统等"新技术"的联动效应，创生了线上线下、动态复杂、灵活多变的虚实融合场景，断言场景将是未来互联网时代的核心竞争力。斯考伯所定义的场景是一个"虚实融合"的数字场景，是"物理场景""信息场景"与技术创生"虚拟场景"的融合体。

　　不同场景理论下的场景概念对应着不同的思维方式，抓住不同场景理论的思维方式的内核，可以更加准确把握不同场景理论的特点及其优势。美国现代场景理论有四种观点影响较大，引起各界关注。一是作为物理空间的场景理论。代表人物是埃尔温·戈夫曼，他所阐释的场景既是表演发生的物理空间又是社会控制的场域，其思维方式的核心是把"场景作为面对面交往的条件"，这种观念改变了个体塑造自我的方式，塑造了稳定的社会关系。二是作为文化空间的场景理论。代表人物是社会学家特里·克拉克。随着后工业社会的来临，城市形态开始由生产型向消费型转变，基于城市形态，他们把城市空间的研究从自然与社会属性层面拓展到区位文化的消费实践层面，其思维方式的核心是把"场景作为文化生产的场域"。认为场景的构成是生活娱乐设施的组合，不仅蕴含了功能，也传递着文化和价值观。克拉克研究"场景"出发点之一就是城市建筑的美学属性，城市的"美学特性"与"文化属性"使得"场景作为文化生产的场域"成为可能。① 三是作为媒介空间的场景理论。代表人物是约书亚·梅罗维茨，他将"场景"概念引入传播学，提出"媒介场景论"。其思维方式的核心是把"场景作为一种信息系统"，这是连接媒介环境学与拟剧论的基础，媒介环境与物理场景都是具有结构性特征的感知信息系统。地点场所仅仅是感觉区域的一个重要分支感念；决定人们交往互动性质的是信息流通模式。媒介场景中的信息传递是以身体为媒介所完成的感官信息交流。媒介场景突破了物理空间内社会关系的建构，媒介空间内的同质化信息使得个体在社会空间中产生类似的行为倾向。四是作为虚拟空间的场景理论。代表人物是美国人罗伯特·斯考伯与谢尔·伊斯雷尔，他们意识到技术变革给社会秩序带来的变化，以移动设备、社交媒体、大数据、传感器、定位系统五种场景原力为基础，提出了商业模式中使用的"场景理论"。其思维方式的核心是把"场景作为一种语境"，这是以技术为媒介实现场景全方位连接的思维，但是技术使用并不是单一的，而是技术集成的大规模应用。移动场景本质上是以技术为代表的一种表征人体感知框架的媒介形式，人类身体的实践活动构成了虚实空间的主要内容。

总结美国现代场景理论从物理空间到虚拟空间的演进脉络，我国学者李田田总结："场景"自出现起便与空间关系密切，场景思维其实是

---

① 吴军. 城市社会学研究前沿：场景理论述评 [J]. 社会学评论，2014（2）：90-95.

空间思维的具体表征，是一种"以人为本"维护社会秩序稳定的观念。① 基于现代场景理论研究，我国学者对"场景"概念也进行了相应的研究和探索。其中，有的学者认为，场景是指人与周围景物的关系总和，其核心是场所与景物等硬要素，以及空间与氛围等软要素。硬要素与软要素密不可分，软要素依赖于硬要素并反作用于它。在对场景概念内涵的理解和论述中，把软硬要素放在一起才是完整的。在传播学意义上，场景理论的核心，是软要素信息的智能匹配与传播的场景营造。② 有的学者则认为：中文含义中场景一词更偏向于空间环境，而情境一词更多的是指行为情景或者心理氛围。场景一词应同时涵盖基于空间和基于行为与心理的环境氛围。场景和情境都会决定人们的行为特点与需求特征。移动互联网时代争夺的是场景。移动传播的本质是基于场景的服务，即对场景（情境）的感知及信息（服务）适配。空间与环境、实时状态、生活惯性、社交氛围是构成场景的四个基本要素。③ 由于互联网的广泛应用，信息领域的场景发生了由特定时间和空间的单一图像与符号呈现到打破时间和空间限制的多媒体融合呈现的转变、由观众置身事外的场外体验到转向置身过程的沉浸体验的转变、由辅助和服务人类活动内容和主题到引导和改变人类社会活动内容和主题的转变。信息领域的场景概念，正在经历由抽象描述为主到形象展现为主、由以物理场景呈现为主到以数据场景呈现为主、由平面展现为主到立体展现为主、由静态呈现为主到动态呈现为主、由单一截面呈现为主到过程呈现为主。信息领域所使用的场景概念，与其说是阐释场景的内涵和特征，不如说是研究和阐释场景存在与应用的环境和领域。

---

① 李田田. 词源、理论、思维方式：场景的学术史探究［J］. 科技传播，2023（7）：10-17.
② 郜书锴. 场景理论的内容框架与困境对策［J］. 当代传播，2015（4）：38-40.
③ 彭兰. 场景：移动时代媒体的新要素［J］. 新闻记者，2015（3）：20-27.

### （二）思想政治教育的概念

对于思想政治教育概念，学术界比较通行的解释是："思想政治教育是指社会或社会群体用一定的思想观念、政治观点、道德规范对其成员施加有目的、有计划、有组织的影响，使他们形成符合一定社会、一定阶级所需要的思想品德的社会实践活动。"① 思想政治教育概念表明："第一，思想政治教育是一项社会实践活动，它具有一般的社会实践活动的基本特征和价值。第二，思想政治教育具有鲜明的阶级性，不仅这一实践活动的实施者代表着一定的阶级意志，而且其表达的思想内容与社会主导的意识形态相一致。第三，思想政治教育是以教育为中心的社会实践活动，它涵盖了教育活动的全部过程和旨归，从而与其他社会实践活动相区别。"②

要揭示思想政治教育概念的本质属性，应当明确思想政治教育的基本要素。张耀灿等学者认为："思想政治教育系统的基本要素包括思想政治教育主体、思想政治教育客体、思想政治教育介体、思想政治教育环体。"③ 沈壮海认为："可将思想政治教育者、思想政治教育对象、思想政治教育内容、思想政治教育目的、思想政治教育方法、思想政治教育情境作为思想政治教育的要素。"④ 结合学者们的观点，本书将思想政治教育的基本要素归结为思想政治教育主体、思想政治教育客体、思想政治教育内容、思想政治教育目的、思想政治教育方法、思想政治教育场景六个方面。

---

① 陈万柏，张耀灿. 思想政治教育学原理 [M]. 北京：高等教育出版社，2007：4.
② 张耀灿，等. 现代思想政治教育学 [M]. 北京：人民出版社，2006：50-51.
③ 张耀灿，等. 现代思想政治教育学 [M]. 北京：人民出版社，2006：236.
④ 沈壮海. 思想政治教育有效性研究 [M]. 武汉：武汉大学出版社，2016：61.

### （三）思想政治教育场景的概念

确定"思想政治教育场景"的概念，要协调好其与"思想政治教育"概念、"场景"概念之间的关系，确保三者之间不发生逻辑冲突和矛盾。

思想政治教育场景概念不能脱离思想政治教育和场景的理论框架。思想政治教育场景是思想政治教育活动的基本要素，在思想政治教育过程中，思想政治教育内容和思想政治教育场景是思想政治教育者与受教育者进行阐释、感知、体验的信息载体。思想政治教育场景服从和服务于思想政治教育活动的价值观、教育目标和教育内容。思想政治教育场景的选择、构建、运用要遵循人类社会发展规律、学生身心发展规律、思想政治教育规律。思想政治教育场景的效果取决于场景与思想政治教育其他构成要素的契合程度。

研究思想政治教育场景概念，需要确定思想政治教育场景的一般规定性。确定思想政治教育场景概念，既要适用于传统思想政治教育体系框架，也要适用于现代思想政治教育体系框架；既要有利于在思想政治教育理论框架内科学认识思想政治教育场景概念，也要有利于在思想政治教育实践过程中准确运用思想政治教育场景概念；既要将思想政治教育场景概念和思想政治教育活动主体、内容、对象、关系等其他概念相区别，也要将思想政治教育场景概念与其他概念相互对接和彼此协调；既要有利于在思想政治教育体系框架和思想政治教育实践过程中准确把握和运用思想政治教育场景概念，也要有利于将思想政治教育场景作为独立系统理清和认识其内部要素、结构和发展变化规律。

对思想政治教育场景概念的研究，我们可以从不同角度切入和表述。我们既可以从理论研究角度切入，也可以从实践运用角度切入，还可以从产品及其服务角度切入；既可以分别站在教育者角度、受教育者角度、教育主题内容角度，也可以站在教育主体、客观、介体和环体相互关系角度。殊途同归，万变不离其宗，最终还是要落在思想政治教育场景的最一般规定性上。

概言之，思想政治教育场景是指思想政治教育活动过程中思想政治教育主体依据思想政治教育规律，根据思想政治教育价值理念、任务目标和教育内容要求，所设计、选择、创设、构建的背景、情景、场面、氛围和环境。需要指出的是，思想政治教育场景一词既可以指"思想政治教育活动"寄寓的场景，也可以指"思想政治教育内容"寄寓的场景，两者之间的差别是十分明显的。但两者之间联系又十分紧密，使用时应注意两者之间的差别。

思想政治教育场景的本源是人类社会实践活动，人类社会实践活动的要素或人类社会实践活动本身都可以构成思想政治教育场景资源。思想政治教育场景既可以是一个独立画面，也可以是连续的相关画面；既可以是单个平面静止的画面，也可以是多个相互关联动态的画面；既可以是人类社会活动的条件、对象、结果，也可以是人类社会活动本身；既可以是原生态的场面，也可以是模拟虚构的场面；既可以是语言文字和文化符号呈现的抽象场面，也可以是运用环境、物体、图像、声音、符号等综合呈现的形象场面。需要提出的是，思想政治教育活动本身也可以构成思想政治教育场景，异域的异时的思想政治教育活动及其内容均可引用为当下的思想政治教育场景。

新的技术带来了人们思想观念的变革。由于现代信息技术高速发展，数字技术应用于思想政治教育过程当中，思想政治教育场景出现了与教育主体、教育对象、教育内容融合、反转、模糊、泛化等现象。特别明显的是许多人将不同思想政治教育场景下的思想政治教育活动概念和思想政治教育场景概念相混淆。思想逻辑的混乱也许是创新的动力和机遇，但绝不是思想和实践创新本身。虽然思想政治教育场景的来源、呈现、运用与思想政治教育系统的结构、要素、环境密切相关，但决不能将其混为一谈，否则会模糊思想政治教育场景概念的内涵和外延、消解思想政治教育场景的价值和作用，这不利于科学把握思想政治教育基本结构、要素及其发展变化规律。

## 第二节　思想政治教育场景的特征

科学阐释思想政治教育场景的属性和特征，既是加深思想政治教育场景内涵认识的需要，更是深刻把握思想政治教育场景发展形态及其变化规律的需要。同时，全面把握思想政治教育场景的特点和规律，对于推进思想政治教育场景开发、建设和利用，助力和提升思想政治教育工作水平和质量，完善思想政治教育课程体系和管理模式都具有十分重要的现实意义。

第一，把握思想政治教育场景特征要坚持以人为本。人是目的，思想政治教育场景选择和运用是为人的生存和发展服务的。促进人的现代化是时代赋予思想政治教育的使命，思想政治教育场景的选择、开发、建设和运用要坚持人民至上，充分体现和满足人的现代化需要。思想政治教育面对的人是现实社会中具体的活生生的人，现代的思想政治教育对象往往具有背景复杂、需求多样、个性鲜明、富有主见、充满矛盾等特点。研究和剖析思想政治教育场景属性和特征，要坚持社会本位和个人本位相统一，不能割裂社会和个人之间的辩证关系，思想政治教育场景建设和运用应该成为促进社会本位和个人本位相互统一的媒介和桥梁。

第二，把握思想政治教育场景特征要坚持实践标准。马克思强调：

"人创造环境，同时，环境也创造人。"① 人创造环境和环境创造人是辩证统一的，两者统一的基础是人的社会实践活动，决不能脱离社会实践单纯强调某一方面的重要性。思想政治教育场景特征的本源是思想政治教育活动适应时代发展要求的产物，思想政治教育实践活动是阐释思想政治教育场景本质特征的客观依据。对于思想政治教育场景特征的认识，应当兼顾思想政治教育场景的实然状态、必然状态和应然状态。对于思想政治教育场景特征的研究，应当坚持历史的和逻辑的统一，既要遵循现代经济社会发展规律，又要顺应现代思想政治教育发展大势；既要实现对思想政治教育场景特征的精准把握，又要达成思想政治教育学科体系结构的逻辑自洽。

第三，把握思想政治教育场景特征要坚持辩证思维。只有从思想政治教育活动的大系统中才能准确了解和掌握思想政治教育场景的属性和特征。要把坚持思想政治教育的初心和使命与思想政治教育场景的实际开发、建设和运用过程结合起来，实现动机和效果的辩证统一。既要反对贬低主体能动作用的"场景决定论"，也要反对忽略场景对人的制约作用的"生物决定论"；既要反对夸大场景作用的"场景万能论"，也要反对忽视场景作用的"场景无用论"。把握思想政治教育场景特征，既要牢固树立人类命运共同体思想，保持全球视野，也要始终坚定民族文化自信，涵养家国情怀，扎扎实实地推进中国式现代化建设。思想政治教育场景是思想政治教育主体和客体相互作用的条件、基础和媒介，思想政治教育场景特征的研究以及思想政治教育场景的开发、建设、运用和管理应兼顾供给和需求两侧和两端，着力促进两者相向而行。

第四，把握思想政治教育场景特征要坚持问题导向。问题是时代的声音，对思想政治教育场景特征的研究必须与时俱进，倾听时代的呐

---

① 马克思恩格斯选集：第 1 卷 [M]. 北京：人民出版社，1995：92.

喊，回应时代的感召。既要百倍珍惜互联网等新技术革命广泛应用所带来的发展机遇，也要勇敢面对全球化和新技术革命所带来的各种挑战，切实解决新时期思想政治教育面临的突出矛盾和热点焦点问题。

综合以上考虑，思想政治教育场景的特征主要表现在以下几个方面：

### （一）承载性和调控性

承载性是指思想政治教育场景具有承载社会所要求的思想观念、政治观点和道德规范等思想政治教育信息的特性。思想政治教育场景只有和思想政治教育价值观念、目标、内容、模式建立密切联系，融为一体，才能有效发挥作用。思想政治教育场景是思想政治教育主体选择和创设的结果，是思想政治教育工作者驾驭的对象。思想政治教育场景应体现思想政治教育主流的价值观念和主体的价值取向，蕴含叙事功能、传情功能、晓喻功能、引导功能、强化功能。思想政治教育场景对思想政治受教育对象要具有教育意义，在思想政治教育活动过程中对思想政治教育主题和内容起到转化、凸显、衬托、渲染、印证、阐释作用，对受教育者的思想观念和成长起到浸润、感染、激励、正向引领、反向控制等作用。思想政治教育场景依托其承载功能，进而产生相应的有用性和价值作用。思想政治教育场景不仅对思想政治教育活动本身具有重要价值，而且对政治、教育、文化建设具有外溢影响。思想政治教育场景开发建设和运用管理可部分承载环境育人和文化传承的功能，要充分挖掘思想政治教育场景的文化潜力和优势。

实践证明，思想政治教育场景所承载的要素可以根据育人需求进行适当的调节和控制。调控性是指思想政治教育场景具有能为思想政治教育主体所操作与控制的特性。思想政治教育活动具有强烈的目的性，要求思想政治教育场景必须反映教育主体的价值观念和主观意志。思想政治教育场景的选择、开发、建设、运用和管理必须坚持党的全面领导，贯彻社会主义核心价值观，坚持为党育人、为国育才的主旋律。要体现思想政治教育的主导性，明确为谁培养人，培养什么样的人，怎样培养人。要处理好主导性价值和多元性价值的关系，发扬斗争精神，旗帜鲜明地反对敌对势力和外部反动势力的破坏和渗透，牢牢占领意识形态领域主阵地和主导权。教育是一门心灵艺术，教育是一种情感体验。作为思想政治教育客体接受教育的媒介和环境，思想政治教育场景的选择和运用应符合和适应思想政治教育对象的文化心理结构、情感态度、价值观念、审美情趣。思想政治教育所运用的每一个场景中都应打上"人"的烙印，需要与教育者和受教育者的信念、态度、情感和情趣相契合。从场景运用的角度看，每一个场景都是一幅作品，既有客观、真实的"无情"的一面，也有贴近生活、贴近教育者、贴近受教育者的"有情"的一面。思想政治教育场景的选择、设计和运用有两个"情眼"在发挥作用，一是教育者的"情眼"，二是受教育者的"情眼"。只有两个"情眼"达成默契，思想政治教育场景的运用才能收到事半功倍的奇效。

### （二）体验性和生成性

体验性是指思想政治教育场景无论对于教育者还是受教育者都必须可感知、可理解、可体验、可接受，否则就失去场景的价值和意义。人类活动的各种场景只有纳入思想政治教育过程，并被受教育对象所认识、吸引和感动，才能成为思想政治教育场景，也就是各种场景的价值和意义只有被激活才能产生实际效果。所有的思想政治教育场景都要在受教育者心理反映阈值之内，超出受教育者心理阈值范围的信息和内容属于无效范围。只有与思想政治教育内容相匹配、有助于突出思想政治教育内容和主题的场景，才是思想政治教育所追求的场景。思想政治教育场景从形式到内容，要适应时代发展要求，生动、鲜明、鲜活、真切，为广大师生和人民群众喜闻乐见。现代思想政治教育研究、建设、利用和管理要综合运用各种手段和技术，努力营造受教育者可沉浸的思想政治教育场景。知觉心理学告诉我们，人的知觉系统是可以相通的。不同知觉体验之间存在相互影响，既可能相互削弱和破坏，也可能相互加强或协同，还可以相互补偿或替代。思想政治教育场景设计要运用好人体感官通道，特别要利用好视觉、听觉和触觉通道，达到最佳的综合效果。修辞学中有"通感"方法，其实质就是利用人的感觉器官达到相生相通的原理。融媒体时代应有效利用各种媒体手段和场景，激发受教育者形成"通感"的效果。思想政治教育课程既是一门理论课程，也是一门实践课程；既需要马克思主义理论指导，也需要具体的社会实践探索。思想政治教育场景资源建设、运用和管理，既需要反映具体的生动的人类社会实践活动内容的形象资源，也需要深刻揭示社会发展规律和本质的理论资源或者说抽象资源，理论与实践相结合始终是思想政治教育场景建设和利用的指导性原则。要注意克服以形象代表抽象的倾向，也要注意克服以线上代替线下的倾向。

依托场景，思想政治教育主体和客体自然而然地生成互动关系，这也决定了思想政治教育场景的生成性。生成性是指思想政治教育场景是思想政治教育主体和客体在相互作用的过程中产生、发展和转化的。理解和把握思想政治教育场景的生成性，需要注意如下几个问题：一是差异问题。通常，人们关注到思想政治教育场景与其他要素之间的亲和性，而忽视了差异性。思想政治教育场景与其他要素单元之间存在密切关系，代表着思想政治教育场景与其他要素单元的契合度、融合度及其默契程度。实际上，思想政治教育场景与思想政治教育其他要素之间还具有相应的差异性。差异性表明思想政治教育场景具有独立的不可或缺的价值和作用，思想政治教育场景和对象之间要有区分度。要充分兼顾思想政治教育场景的亲和性和差异性，如果仅仅关注一方面，就会造成思想政治教育场景与其他要素之间混乱的局面，就会导致无法发挥对其他要素的强化、烘托、阐释和固化等功能作用。二是多维问题。思想政治教育场景构成要素具有多维性、可选择性、可建构性，应用过程具有动态性、随机性、可调控性，影响结果具有开放性、多向性和不确定性。同一个思想政治教育场景可能产生不同的效果，既可能产生积极的、正面的效果，也可能产生消极的、负面的效果；既可能产生强烈的效果，也可能产生一般的效果，还可能没有效果；既可能对全体受教育对象发挥作用，也可能只对部分或单个受教育者产生影响；既可能巩固、助力思想政治教育的努力和效果，也可能破坏、消解思想政治教育的努力和效果。或然性为思想政治教育场景设计、建设、升华提供和预留了现实的空间与可能，表明思想政治教育活动具有复杂性和创造性。思想政治教育场景开发、建设和运用要保持相应的担当和警觉，扬长避短，兴利除弊。三是规律问题。思想政治教育场景的生成和运用应当体现合规律性与合目的性的统一。思想政治教育场景的生成应建立在思想政治教育价值观念、任务目标和主题内容科学预设的基础之上，两者之间应相辅相成。思想政治教育场景建设和运用的时机、规模、结构、力度、频率等要符合社会发展规律、学生身心发展需要、心理节律节奏，要符合思想政治教育发展面临的形势，有利于解决学生成长所面临的突出矛盾和问题。正所谓"求多者，其得寡；禁多者，其止寡；令多者，其行寡"①。思想政治教育场景呈现要适度，过犹不及。《礼记·祭义》曾讲过："祭不欲数，数则烦，烦则不敬。祭不欲疏，疏则怠，怠则忘。"② 中国古代祭祀重在表达发自内心的崇敬之情，祭祀不要太频繁，太频繁就会厌烦，厌烦了就会失去恭敬之情。祭祀不要太稀疏，太稀疏

---

① 管仲. 管子 [M]. 北京：北京燕山出版社，1995：136.
② 戴圣. 礼记 [M]. 西安：西安交通大学出版社，2022：211.

就会慢怠，慢怠就容易淡忘。思想政治教育场景的呈现结构和应用频率要适度，缺乏场景呈现和场景呈现过度都会背离思想政治教育的初衷。

### （三）从属性和趋优性

从思想政治教育要素单元的核心价值和主导地位来看，从属性是指思想政治教育场景具有明显的从属地位和影响。思想政治教育的核心要素是思想政治教育主体、客体、主题内容，思想政治教育场景是为思想政治教育主体与客体交互作用提供相应条件、环境和服务的，不能直接决定而是间接决定思想政治教育活动的价值、意义和效果。思想政治教育场景和内容之间要做到文质相宜，形式和内容相辅相成，既要防止受教育者对场景的冷淡漠视，无法发挥场景的作用，使场景运用流于形式，也要防止受教育者对场景的过度反应，冲淡和取代对思想政治教育主题和内容的感知与理解，造成喧宾夺主的结果，要实现思想政治教育场景运用的精准对接和良性循环。

从属性并不意味思想政治教育场景时时处处被动适应，相反，思想政治教育场景自身还具有主动趋优的特征。趋优性就是指思想政治教育场景的内容、结构、功能、规模和成本体现适中、适宜、适度、适用、经济、精准、优质等。思想政治教育具有鲜明的政治属性，或者说具有强烈的意识形态属性，思想政治教育场景的建设与发展必须自觉服务于为党育人、为国育才的主旋律，成为强化意识形态工作的优势阵地，成为传播人类真善美的重要平台。思想政治教育场景需要坚实的物质经济基础，思想政治教育场景的选择、建设和运用都需要付出相应的人力成本、物力成本和时间成本，必须关注投入和产出的合理性和可持续性，坚持质量和投入双优。思想政治教育场景开发、建设和运用，既要尽力而为，又要量力而行。要坚持勤俭办教育的原则，避免思想政治教育资源闲置和浪费。思想政治教育场景开发、建设和运用，要从思想政治教育工作实际出发，因势利导，实事求是。场景的制作和运用，应就地取材，坚持实用、实效、实务的原则，坚持线上和线下相结合，运用线上资源，实现网络共享，不应追求高大上，要大力倡导用身边的人、身边的事、身边的资源进行场景制作和运用。

## 第三节 思想政治教育场景的形态

形态是指事物存在的样貌，或在一定条件下的表现形式。思想政治教育场景形态是指在思想政治教育活动过程中思想政治教育场景形成、发展和转变的表现形态。思想政治教育场景形态研究主要是揭示思想政治教育场景的外在样态、内部结构及发展规律。以形态表达现象，并透过形态揭示本质是科学认识和把握思想政治教育场景的基本思路。全面认识和把握思想政治教育活动实践及其思想政治教育场景形态，有效辨析和阐释思想政治教育场景的状态类型及其结构功能，有助于进一步精准把握思想政治教育场景的内涵及其特征，有助于进一步发掘与运用思想政治教育场景发展变化规律，有助于全面适应新时期思想政治教育环境变化，有助于保障思想政治教育场景的有效性及其创新发展活力，这将为全面积累、开发、建设和运用思想政治教育场景资源并发挥其价值作用提供可靠的基础和保障。在现实的、具体的思想政治教育活动过程中，思想政治教育场景表现为时间与空间、静态与动态、群体与个体、抽象与形象、外显与潜在、物质与精神、线上与线下等因素复合共存的状态。思想政治教育场景形态无疑是复杂多样、千变万化的，根据思想政治教育活动的目的、内容、需要、条件和方式等因素，可以将思想政治教育场景划分为不同的形态。

### （一）思想政治教育场景的时间形态

"一切存在的基本形式是空间和时间，时间以外的存在像空间以外的存在一样，是非常荒诞的事情。"① 从时间的角度看，思想政治教育场景不是静态的，是动态的存在和时序的连接，常常通过思想政治教育的教学过程或教学运行展示出来。根据时间形态，可以将思想政治教育场景划分为传统场景形态、现实场景形态和未来场景形态三种。

第一，传统场景形态。思想政治教育传统场景形态是指能被思想政治教育所开发利用的历史文化场景形态。习近平总书记指出："历史是最好的老师。思政课教师的历史视野中，要有 5000 多年中华文明史，要有 500 多年世界社会主义史，要有中国人民近代以来 170 多年斗争史，要有中国共产党近 100 年的奋斗史，要有中华人民共和国 70 年的发展史，要有改革开放 40 多年的实践史，要有新时代中国特色社会主义取得的历史性成就、发生的历史性变革，通过生动、深入、具体的纵横比较，把一些道理讲明白、讲清楚。"② 中华文明史、世界社会主义史、中国共产党奋斗史、中华人民共和国发展史、改革开放史都具有大量的精彩的思想政治教育场景，所以要利用这些场景讲清讲透"中国共产党为什么能、马克思主义为什么行、中国特色社会主义为什么好"的深刻道理，促使学生树立正确的历史观和历史思维，增强历史自信和历史自觉。

第二，现实场景形态。思想政治教育现实场景形态是指在新的历史时期产生并存在，能够为思想政治教育所开发利用的现代社会生活场景形态。思想政治教育课程必须讲好马克思主义的故事，讲好习近平新时

---

① 马克思恩格斯文集：第 9 卷 [M]. 北京：人民出版社，2009：56.

② 思政课是落实立德树人根本任务的关键课程 [M]. 北京：人民出版社，2020：15.

代中国特色社会主义思想。思想政治教育场景开发建设和利用管理必须立足中国国情与现实,与时代特征和中国特色社会主义建设实际相结合,聚集中国式现代化建设的伟大场景,用习近平新时代中国特色社会主义思想铸魂育人。思想政治教育场景建设和运用,要贴近新时期学生思想实际,满足新时期学生成长需要,解决新时期人们所遭遇的思想困惑。

第三,未来场景形态。思想政治教育未来场景形态是指根据社会发展规律和人的发展需要所描绘和构建的能够为思想政治教育所开发运用的未来社会实践活动场景形态。面向现代化、面向世界、面向未来是教育的重要使命,为党育人、为国育才、培养担当民族复兴大任的时代新人是思想政治教育的根本任务。要实现这一目标,就必须牢牢把握时代发展的大势和新时代中国特色社会主义发展的趋势,以前瞻性的视野和理念来引领思想政治理论课教育教学,用美好理想的未来场景来建立和强化青少年学生的理想信念,引导学生成人成才。

### (二) 思想政治教育场景的空间形态

"空间是一切生产和一切人类活动的要素。"① 空间是思想政治教育的存在形态,所有的思想政治教育场景都可能表现为相应的空间形态。人类社会实践活动的空间形态的划分可以是多种多样的,譬如,可以从地理的角度将思想政治教育场景形态划分为不同的洲际形态、不同的国别形态、不同的行政区域形态和不同的地域形态;也可以将思想政治教育场景形态划分为物理形态、社会形态、网络形态和心理形态。从思想政治教育教学角度看,根据思想政治教育活动所依存的空间场域,可以将思想政治教育场景划分为家庭场景形态、学校场景形态、社会场景形

---

① 马克思恩格斯文集:第7卷 [M]. 北京:人民出版社,2009:875.

态、网络场景形态四种。

第一，家庭场景形态。个体成长过程首先接触的思想政治教育场景就是家庭，个体的世界观、人生观和价值观包括许多观点和态度都与家庭状况密切相关。家庭场景下的思想道德教育活动是其他场景无法替代的。

第二，学校场景形态。学校是培养人才、开展思想政治教育的主要阵地。学校思想政治教育场景形态是学校思想政治教育活动形成的场景形态，它具有其他场景无法比拟的专业优势。

第三，社会场景形态。广义的教育是社会教育，随着家庭教育和学校教育的产生，社会教育成为除了学校和家庭以外的社会文化机构以及有关的社会团体或组织对社会成员所进行的教育。社会思想政治教育场景形态就是在社会领域思想政治教育实践活动中所产生的场景形态。社会教育处于辅助和补偿地位，是一种活的教育，其思想政治教育场景所具有的丰富性、深刻性、独立性、形象性与广泛性是学校思想政治教育场景远远与之无法比拟的。

第四，网络场景形态。我国社会正在迈向以互联网为依托的全媒体信息时代。网络的崛起，带来了场景革命，网络场景打破了物理时空限制，正在创造人的新的生存状态，为青少年学生构建了崭新的网络媒体成长环境。通过计算机互联网或者手机无线网络，在一个网络虚拟教室与教师进行网络授课和学习的方式，成为网络在线学习形态。思想政治教育网络构建、传递和运用的数字信息场景成为思想政治教育网络场景形态。网络场景形态既可以为学校思想政治教育带来新的机遇，也存在弱化学校思想政治教育主导作用的风险。

由于学校教育是思想政治教育的主阵地，学校思想教育必须发挥主导作用。学校思想政治教育场景呈现从思想政治教育课堂向课外拓展、从思想政治教育专业课程向其他课程渗透、从线下教学场景向线上线下结合转变的特点。目前，思想政治教育场景形态变化呈现出从学校教育向家庭教育、社会教育、网络教育扩展渗透的趋势，也呈现出家庭教育、社会教育、网络教育回馈响应学校教育的趋势，于是各种思想政治教育场景形态表现为综合联动的格局。

### （三）思想政治教育场景的资源形态

所有的物质资源和精神资源都可以构建思想政治教育场景资源，根据社会实践活动为思想政治教育提供的资源，可以将思想政治教育场景划分为以下几种资源形态：

第一，自然形态和社会形态。根据场景资源内容，可以将思想政治教育场景划分为自然形态和社会形态。思想政治教育场景自然形态是指大自然形成的可服务于思想政治教育目的以自然形式存在的形态，比如辽阔土地、秀美山川、宜人风光、名胜古迹、革命圣地，这些都属于思想政治教育的优美场景和资源。思想政治教育场景社会形态是指人类社会实践活动形成的能够被思想政治教育所利用并发挥思想政治教育功能的场景形态，譬如政治形态、法律形态、生产形态、经济形态、文化形态、教育形态、科技形态、医疗形态等。这些都是人类社会实践活动的场景形态，都可以源源不断地转化为思想政治教育资源和场景形态。

第二，应然形态和实然形态。应然形态是指思想政治教育场景应该具有或者实现的形态，是符合思想政治教育价值观念和理想追求的形态。实然形态是思想政治教育场景当前的实际形态。应然形态和实然形态反映了理想和现实之间的差异和矛盾。实然形态是思想政治教育场景研究和利用的出发点与立足点；应然形态是思想政治教育场景研究和利用的目标追求。

第三，显性形态和隐性形态。作为思想政治教育活动资源，按照其发挥作用的方式，思想政治教育场景形态可以划分为显性形态和隐性形态。显性形态是思想政治教育主体组织实施的、直接公开利用的思想政治教育场景的形态；隐性形态是在思想政治教育过程中通过无意识的、隐蔽的、间接的方式所利用的思想政治教育场景的形态。

### （四）思想政治教育场景的感应形态

根据场景具有的物理真实性程度划分，可以将思想政治教育场景的感应形态划分为现场形态、模拟形态、虚拟形态。其中现场形态是指思想政治教育场景实际存在的、具体的物理形态，最具有真实性和可信性。模拟形态是对真实的思想政治教育过程进行模拟的状态，它能够准确地反映思想政治教育场景的主要特征和具体过程。虚拟形态是创作、构建和想象的思想政治教育场景状态，它能够深刻揭示思想政治教育活动的本质特征、变化规律和发展态势。

根据思想政治教育场景创作风格划分，可以将思想政治教育场景划分为写实形态和写意形态。写实形态属于对事物外在特征的具体描述和复制，突出客观、真实、细腻。写意形态属于对事物内在属性的描述和概括，突出事物的神态和抒发作者的意趣，求神似但不求形似。两种形态反映了不同思想政治教育者的不同审美情趣。

根据受教育者认识和感觉方式划分，可以将思想政治教育场景划分为抽象形态和具象形态。其中抽象形态主要表现为文字形态、符号形态、语言形态、理论形态等；具象形态主要表现为视觉形态、触觉形态、听觉形态、味觉形态、视听形态等。思想政治教育场景形态不仅表现为各种具象形态的融合，也表现为各种抽象形态的融合，还表现为具象形态和抽象形态的融合，这样更能发挥具象形态的感染力和抽象形态的主导力。

根据思想政治教育主体和客体是否直接融入场景来划分，可以将思想政治教育场景划分为沉浸形态和旁观形态。对于受教育者来说，沉浸形态属于"有我之境"，通过现场体验来产生思想政治教育之美。旁观形态属于"无我之境"，通过距离来感受思想政治教育之美。

理论是灰色的，实践之树是常青的。思想政治教育学是实践性较强的科学，思想政治教育场景形态的课题研究、开发建设、利用管理必须坚持实践导向和实践标准，从思想政治教育实际出发，以积极的、务实的、建设性的态度，妥善处理思想政治教育场景建设的各类关系，努力确保思想政治教育场景与思想政治教育内容之间形神兼备、相得益彰。对此，一要处理好政治主导性和形态多样性之间的关系。思想政治教育场景形态要符合思想政治教育的价值观念、根本宗旨、任务目标、主题内容要求，同时要保持多样化发展态势，让思想政治教育场景承载更加充沛的理论力量、情感力量和行动力量，确保思想政治教育的正当性和有效性相互统一，实现合目的性和合规律性的相互统一。二要处理好海量形态和限量运用之间的关系。既要充分开发和利用海量的思想政治教育场景资源，使海量的、无限的、潜在的场景资源转化为具有思想政治教育意义的场景形态，又要精准对接思想政治教育的实际需要和受教育者的心理需求，为思想政治教育提供适度、适宜、适时的场景资源供给。三要处理好强化专项和综合利用之间的关系。要深入研究和探索专项场景形态，扎扎实实地推进思想政治教育场景形态研究，同时，要坚持综合利用原则，整合不同的思想政治教育场景形态，发挥思想政治教育场景的综合效益。四要处理好选择性和包容性、主体性和开放性之间的关系。要增强主体意识，坚持道路自信、理论自信、制度自信和文化自信，坚决抵制历史虚无主义，不能盲目跟风和追随所谓的潮流。同时，要保持开放的胸怀，不能封闭僵化，不能因循守旧，要积极汲取一切有益成果，对于各种有效的场景资源实行拿来主义，为我所用。要善于将对思想政治教育不利的场景形态转化为有利的场景形态。

开发建设和利用管理思想政治教育场景形态的最终目的是满足思想

政治教育工作的实际需要，并切实落地思想政治教育的战略规划和任务目标。当下，开发建设和利用管理思想政治教育场景，要努力实现思想政治理论课教育教学之"大"，体现当代思想政治教育的大格局、大视野、大境界；要运用科学努力实现思想政治教育教学之"精"，精辟阐释思想政治教育内容，精准契合新时期思想政治教育的发展形势和实际需要，为打造思想政治教育精品课程奠定基础；要努力实现思想政治教育教学之"实"，满足思想政治教育发展实际需要，切实解决思想政治教育实际问题，全面提升思想政治教育实效和整体实力。

# 第二章

# 思想政治教育场景的营造

伴随着信息技术的迅猛发展，广大青少年对以场景为依托的数字体验方式逐渐产生了浓厚的兴趣，其潜移默化地改变着青少年们的认知结构和思维方式，也影响着社会生活发展。青少年作为思想政治教育的主要对象，传统的"讲出来""写出来"的教学样态已经无法吸引他们的注意力，不能满足他们的需求，特别是不能满足他们寻求感官刺激的需要，他们更期待于场景所带来的"感受得到"的体验方式，这样的转变势必促使对思想政治教育场景营造的研究。"营造"从字面上理解，如同建构是对相互关联的各个要素进行调整和组合的活动，思想政治教育场景营造可以理解为针对思想政治教育过程中所关联的各个要素展开的组织活动，是在时空领域对所指向的对象进行思想政治教育场景搭建的实践活动。基于此，所谓的思想政治教育场景营造指的是一定的主体遵循人的思想品德发展规律和人类社会发展的规律，对思想政治教育过程中特定时空场域内的多种要素进行生产、筛选、重组、连接、匹配，通过要素间的有机结合，运用现代化的信息技术营造"感受得到"的展现方式和展现过程，从而创造良好的物质条件和精神氛围，以满足主体"人的需要"，并符合主体思想品德发展要求的教育活动。换言之，思想政治教育场景营造，就是对思想政治教育场景的各个要素进行安排、布局、组织、运用，使之稳定有序地作用于思想政治教育对象的实践活动。

## 第一节 思想政治教育场景营造的依据

2022 年 7 月 25 日，教育部等十部门联合印发的《全面推进"大思政课"建设的工作方案》中指出："全面推进'大思政课'建设，要坚持以习近平新时代中国特色社会主义思想为指导，聚焦立德树人根本任务，推动用党的创新理论铸魂育人，不断增强针对性、提高有效性，实现入脑入心。"[①] 这为思想政治教育场景营造提供了基本遵循，思想政治教育场景的营造工作也具有了更加重要的价值。作为思想政治教育活动的实践场域，思想政治教育场景不仅具有在潜移默化中教育和引导师生的功能，更能有力推动思想政治教育的健康发展。在新时代新阶段，多种育人资源和要素的融入使得思想政治教育场景呈现了多元化的特点，思想政治理论教学、社会实践、党团教育、文化活动等都成了开展"三全育人"工作的重要载体，如何契合思想政治教育多样化的载体架构，营造科学有效的思想政治教育场景，从而实现其实践意义，这不仅需要采取行之有效的办法，更需要在实施前充分考量思想政治教育场景营造的理论依据、现实依据和逻辑依据，做到有的放矢。

### （一）思想政治教育场景营造的理论依据

关于思想政治教育与场景营造的关系，古往今来的很多思想家都提出过值得借鉴的理论，但由于时代变迁所造成的历史性和阶级性的限

---

① 教育部等十部门. 关于印发《全面推进"大思政课"建设的工作方案》的通知 [EB/OL]. 中国政府网，2022-07-25.

制，他们并没有准确科学地解释出思想政治教育和场景营造的重要关系，为此探寻科学的思想政治教育场景营造的理论还需要从马克思主义经典作家的立场、观点、方法中做全面深入的探析。社会存在与社会意识辩证关系原理，为思想政治教育场景营造奠定了唯物主义的理论根基。"观念的东西不外是移入人的头脑并在人的头脑中改造过的物质的东西而已。"① 马克思主义认为，人的思想、观念的形成源自外部客观环境的影响，同时，由观念、观点和概念作为表现形式的人类意识，会随着人们的生活条件、社会关系、社会存在的变化而变化，即社会存在决定社会意识，外部环境的变化影响到人们思想的变化，为此思想政治教育场景的营造对思想政治教育的健康发展起到了关键的作用。

经济关系对人们思想观念的变化起到了决定作用。物质生产方式是社会存在和发展的决定力量，从古至今，人们的生活在社会发展基本规律的运行中，以生产力发展为决定要素，建立在生产过程中所产生的一定的社会生产关系的基础上。社会意识是人们在不同的社会地位和阶级立场中所产生的不同的思想道德观念。恩格斯提出："人们自觉地或不自觉地，归根到底总是从他们阶级地位所依据的实际关系中——从他们进行生产和交换的经济关系中，获得自己的伦理观念。"② 这段话揭示了社会意识产生于社会关系中，进而说明人们的思想品德观念与所处的环境和场景有着密切的联系，也阐明了场景营造对思想政治教育的重要作用。

由此我们看到基于马克思主义经典作家的论述，人们对思想政治教育场景的认识需要建立在唯物主义的基础上，建立在一定的经济关系之中，特别是建立在物质生产方式变化的基础上，在思想政治教育场景营

---

① 马克思恩格斯文集：第 5 卷 [M]. 北京：人民出版社，1995：22.
② 马克思恩格斯选集：第 3 卷 [M]. 北京：人民出版社，2012：470.

造的过程中我们要克服唯心主义、古代朴素唯物主义和近代形而上学唯物主义理论的不足，自觉用马克思主义理论作为营造思想政治教育场景的理论依据。

### （二）思想政治教育场景营造的现实依据

"现实的人"这一概念是历史唯物主义研究的出发点和归宿点。马克思定义"现实的人"是以物质生产活动为基础的人，是处于一定历史条件下的个人，是从事活动的、进行物质生产的个人，是处于一定社会关系中的人，是有思想、观念和意识的个人。为此无论处于什么样的历史发展阶段，思想政治教育场景营造都要以"现实的人"的需要为依据，"现实的人"的需要始终是推动思想政治教育场景化的直接动力。新时代思想政治教育担负着新的使命和新的要求，营造科学的思想政治教育场景要求我们多维分析主体的需要、社会发展需要、学科建设需要三大主要方面，并以此作为开展实践工作的依据。

第一，思想政治教育场景营造要以主体的需要为依据。主体需要即"现实的人"的主体需要，我们要通过思想政治教育建设道德实践场景，满足人的主体需要。历史唯物主义提出人的需要包括三个从低到高的阶段，分别为生存需要、发展需要、享受需要。恩格斯指出："所谓生存斗争不再单纯围绕着生存资料进行，而是围绕着享受资料和发展资料进行。"① 他认为，社会生产不只是为了满足最基本的生存需要。作为人的"内在规定性"的主体需要，并不是一成不变的。随着社会物质条件日益丰富，生活水平不断提高，新时代的思想政治教育对象的主体需要也随之改变，并具有时代特征。例如，作为"互联网的原住民"，新时代的青少年自出生起就与网络相伴成长，互联网甚至已经成

---

① 马克思恩格斯文集：第9卷［M］. 北京：人民出版社，2009：548.

为他们生活的重要组成部分。为了满足教育对象的主体需要，思想政治教育场景的营造就必须依据"互联网原住民"的代际特征进行调整和创新，营造思想政治教育线上线下一体化教育场景，在符合主体需要的场景氛围中，使青少年认识到自己在全面建设社会主义现代化国家历史进程中的主体地位与使命担当，引领其树立远大理想目标。

第二，思想政治教育场景营造要以社会发展需要为依据。调节社会精神生产，传导主流意识形态，是思想政治教育最基本的社会性功能。为此我们要发挥政治行为引导的基本功能，在思想政治教育政治场景营造过程中，加强价值引领，满足构建政治良序的社会发展需要。要为积极传导马克思主义基本原理、中华优秀传统文化等主流意识形态营造政治场景，要紧紧围绕党史、新中国史、改革开放史和社会主义发展史，塑造思想政治教育历史场景，深刻领悟历史意义，汲取历史经验，构建线上线下相融合的思想政治教育场景。例如，如何促进"四史"教育入脑入心，为中华民族伟大复兴凝聚精神力量，是思想政治教育场景营造的重要课题，也是满足社会发展需要的现实依据。

第三，思想政治教育场景营造要以学科建设需要为依据。思想政治教育学科建设是推进思想政治工作的理论指导，是思想政治教育场景营造的现实依据。新时代新阶段，推动学科发展由外在架构延伸向内在价值意涵的转变需要思想政治教育学科建设具有新的驱动力。习近平总书记指出："创新是哲学社会科学发展的永恒主题，也是社会发展、实践深化、历史前进对哲学社会科学的必然要求。"① 为此推动思想政治教育学科建设的发展，必须从根本动力入手，着手开展思想政治教育模式转变的理论创新。思想政治教育场景化研究作为新的学科生长点与发展方向正是以体验性、开放性、情境性的场景探索为现实依托，构筑要素

---

① 习近平在哲学社会科学工作座谈会上的讲话 [M]. 北京：人民出版社，2016：20.

结构，为营造符合学科建设需要的思想政治教育场景提供契合新时代历史趋向的理论创新。

### （三）思想政治教育场景营造的逻辑依据

习近平总书记指出："要运用新媒体新技术使工作活起来，推动思想政治工作传统优势同信息技术高度融合，增强时代感和吸引力。"①这为思想政治教育指出了明确的方向，也为思想政治教育场景的营造提出了明确的思路。随着信息化技术的发展，促使主体、时空、技术三者关系重组，发生了转变，由此推动教育理念和模式的更新，促使思想政治教育场景营造的更新迭代、推陈出新。场景营造结合思想政治教育的新特点新要求，依托新兴媒体信息技术，将思想政治教育中的场景元素创新整合，突破传统思政教育的时间和空间的壁垒，创建在教育内容、教育过程、教育效果等方面均有着显著优势的多样化的思想政治教育场景，进而有效提升思政育人的效果。

第一，思想政治教育场景营造有利于实现思想政治教育内容的创新表达。在传统的思想政治教育中，以教师讲述为主的方式难以激发学生的兴趣，形式的单一让教育内容枯燥乏味、片面抽象，学生很难准确把握和深刻理解。而数字媒体等手段营造的思想政治教育场景，使得学生获得多元化视角和多感官体验，复杂的理论知识和深邃的思想观点通过生动形象的可视化形式进行多维度的展现和解读，增强了教育内容和情结的新颖性，降低了理解难度，提升了思政育人效果。

第二，思想政治教育场景营造有利于实现思想政治教育全过程的互动。传统的思想政治教育多采用灌输模式，教育过程单一，呈现平面

---

① 习近平在全国高校思想政治工作会议上强调：把思想政治工作贯穿教育教学全过程，开创我国高等教育事业发展新局面 [N]. 人民日报，2016-12-09.

化，被动接受的教育模式易使学生产生反感和厌倦。利用智能互联等形式营造的思想政治教育场景，创新了教与学的关系和形态，快速实现了师生双向互动教学形式。例如，在三维场景、全息影像中，通过智能移动终端搭建自主体验功能的思想政治教育场景，师生双方可以随时实现便捷的双向互动和交流。

第三，思想政治教育场景营造有利于实现思想政治教育信息的及时反馈。思想政治教育场景不仅能借助智能终端营造真实感极强的虚拟场景，而且还能通过灵敏传感器等技术构建的智能感知平台，实现对学习者学习状态、效率等数据的及时反馈。收集学生对思想政治教育活动的参与数据，包括讨论参与情况、课堂专注度等智能数据，形成统计图表并实时呈现，使得教师能及时获取学习结果的反馈，为改进和调整思想政治教育工作方式、实现思想政治教育效果的精准优化提供了重要参考。

## 第二节　思想政治教育场景营造的原则

思想政治教育场景是思想政治教育内容的一种呈现样态。根据思想政治教育内容的特点和教学目的，营造思想政治教育场景是必要且关键的工作。我们要以马克思主义理论为指导，坚持主流价值观在营造思想政治教育场景工作中的主导权，在遵循政治原则、理论原则、实践原则的基础上，构筑符合主体特征的思想政治教育场景，着力提高思政育人的实效。

### （一）思想政治教育场景营造的政治原则

政治原则是思想政治教育场景营造过程中必须遵循的根本法则，是落实立德树人根本任务，强化思想政治教育的价值引领，促进人的自由而全面发展的政治前提，决定了思想政治教育场景营造的实践轨迹和发展方向。

第一，坚持立德树人在思想政治教育场景营造中的根本地位。党的二十大报告强调："全面贯彻党的教育方针，落实立德树人根本任务，培养德智体美劳全面发展的社会主义建设者和接班人。"① 立德树人在教育中具有根本性、基础性的地位和作用。习近平总书记关于立德树人的重要论述全面系统阐述了"培养什么人、怎样培养人、为谁培养人"的重大教育理论和实践问题。为此，思想政治教育场景营造要始终围绕"以树人为核心，以立德为根本"这一任务，为党育人、为国育才，培养肩负历史使命，坚定前进信心，立大志、明大德、成大才、担大任，堪当民族复兴重任的时代新人。

第二，坚持主流价值观在思想政治教育场景营造中的主导地位。思想政治教育作为教育工作的生命线，担负着培育学生社会主义核心价值观的重要使命，为此在思想政治教育场景营造过程中要坚持马克思主义在意识形态领域的指导地位，把培育和践行主流价值观念放在重要位置，促进教育对象对主流意识形态的认同。在选择和营造思想政治教育场景时巧妙融入社会主义核心价值观及具有正确价值引领、价值目标、价值行为的思想政治要素，避免由于场景营造而造成的主流价值引导弱化等问题，保持并维护好主流价值观的鲜活生命力。

第三，坚持中华优秀传统文化在思想政治教育场景营造中的引领作用。党的二十大报告指出："中华优秀传统文化源远流长、博大精深，是中华文明的智慧结晶，其中蕴含的天下为公、民为邦本、为政以德、

① 高举中国特色社会主义伟大旗帜　为全面建设社会主义现代化国家而团结奋斗：在中国共产党第二十次全国代表大会上的报告［M］.北京：人民出版社，2022：34.

革故鼎新、任人唯贤、天人合一、自强不息、厚德载物、讲信修睦、亲仁善邻等,是中国人民在长期生产生活中积累的宇宙观、天下观、社会观、道德观的重要体现,同科学社会主义价值观主张具有高度契合性。"① 文化在思想政治教育工作和德育工作中起着独特而重要的作用。国无德不兴,人无德不立。德,是根基,是命脉,既是国家之本,也是个人之本。为此,思想政治教育场景的营造要善于运用道德资源,特别是中华优秀传统文化这一最为重要的精神价值资源,要善于融通马克思主义和中华优秀传统文化,推进中华优秀传统文化教育,强化学生文化主体意识,深刻认识到中华优秀传统文化是中国特色社会主义植根的沃土,正确把握中华优秀传统文化、中国化时代化的马克思主义和社会主义核心价值观的关系,坚定为实现中华民族伟大复兴的中国梦而不懈奋斗的理想信念。

第四,坚持以人为本在思想政治教育场景营造中的主体作用。思想政治教育工作是引领意识形态的工作,是指引人的思想的工作,是以促进人的自由而全面发展为出发点和落脚点的工作,所以思想政治教育场景营造工作要始终坚持以人为本的思想,要将有效保障教育对象的主体地位作为前提,在落实立德树人根本任务的同时,促进人的自由而全面发展。我们要在场景营造的过程中加强风险防范工作,特别要防范过度追求技术创新,大搞技术形式主义,而忽略人性、忽略主体需要的问题。我们要在合理范围内加强思想政治教育场景营造的技术创新,围绕立德树人这一根本任务,坚持以人为本,强化思想政治教育的价值引领作用。

---

① 高举中国特色社会主义伟大旗帜 为全面建设社会主义现代化国家而团结奋斗:在中国共产党第二十次全国代表大会上的报告 [M]. 北京:人民出版社,2022:18.

### （二）思想政治教育场景营造的理论原则

思想政治教育场景营造的理论原则以马克思主义理论作为根本出发点，坚持运用辩证唯物主义和历史唯物主义，为研究思想政治教育场景营造的思路方法提供基本遵循，为思想政治教育场景营造的实践描绘出科学的理论蓝图。

第一，思想政治教育场景营造要遵循整体性原则。思想政治教育是一项系统的工程，我们要运用辩证思维方法，坚持思想政治教育场景塑造的整体性原则。整体性原则要求我们要把思想政治教育场景各要素作为一个有机统一的完整系统来营造和建设，运用事物的普遍联系原理，重视事物内部各部分、各要素之间和事物之间产生的相互关系和相互影响。具体来说坚持整体性原则，要求我们要重视思想政治教育场景与其他要素之间的联系，要重视思想政治教育场景内部各要素之间的联系，构筑社会、学校、家庭之间大中小学一体化的思政教育场景。

第二，思想政治教育场景营造要遵循发展性原则。思想政治教育的目的是提高人的思想道德素质，促进人的全面发展，为此在营造思想政治教育场景的过程中要遵循事物发展的客观规律，选择符合时代要求，具有符合新事物特征和主流价值观的场景要素。发展性原则是思想政治教育和个人发展的共同要求，思想政治教育场景的营造要充分考量教育发展和人的全面发展的内在统一性，以提高人们的思想道德素质为要求，创新思想政治教育场景营造的思路方法，以实现推动思想政治教育发展和人的全面发展的共同目标。

第三，思想政治教育场景营造要遵循主体性原则。通过主观能动性和客观规律性的辩证关系原理得知，只有充分发挥主观能动性，才能正确认识和利用客观规律。在营造思想政治教育场景的过程中，我们要遵循主体性原则，充分调动教育者和教育对象的主观能动性，通过在多次思想政治教育实践中所获得并检验的真理性认识，发现营造思想政治教育场景的客观规律，在客观规律的指导下，抓住事物发展过程中的主要矛盾，解决思想政治教育场景营造中的主要问题，根据教育需要和主体需要，科学选择、科学把握、科学分辨、科学取舍，充分发挥主体对场景营造的主观能动性。

### （三）思想政治教育场景营造的实践原则

思想政治教育场景营造的实践原则是指客体满足主体需要的效用性。思想政治教育场景营造要以满足主体的需要为最终目标，即将是否促进人的自由而全面发展作为考量标准。为此思想政治教育场景营造过程中应该遵循以下三方面的实践原则。

第一，思想政治教育场景营造要符合教育对象的审美要求。感性认识能动地飞跃到理性认识被称为认识过程的第一次飞跃，而获得理性认识这一飞跃的前提是感性认识材料的积累，即理性认识依赖于感性认识。感性认识作为人类认识的初级阶段，是人类认识活动的起点，没有感性认识，理性认识就成为无源之水、无本之木。在日常生活中，人们在认识某一客观事物所获得的最初印象源于事物对人们视觉等多感官的冲击体验，为此思想政治教育场景的营造首先要符合教育对象的审美要求，这直接影响了教育对象是否愿意接受和相信。传统思想政治教育课堂给教育对象留下的印象大多过于枯燥，讲授方法比较单一，造成了教育对象注意力不集中，对思想政治理论缺乏兴趣等问题，而造成这种情况的最为直接的原因便是思想政治教育的场景不符合教育对象的审美要求，脱离了符合教育对象审美要求这一原则。思想政治教育场景的营造要融入美学因素，在美学的指导下，选择有价值的思政元素进行科学组合，营造符合教育对象审美要求的思想政治教育场景，能让教育对象通过感官直接捕捉到场景意象，形成符合审美的感性认识，在对感性认识的识别、欣赏和鉴别中形成反映客观事物本质的理性认识，最终实现思想政治教育的内嵌意义。

第二，思想政治教育场景营造要激发教育对象的共情能力。列宁曾说："没有'人的感情'，就从来没有也不可能有人对于真理的追求。"① 思想政治教育是情感的教育，是思想的教育，它需要春风化雨，润物无声，也需要有情有义，价值引领。相较于传统思想政治教育讲大道理，现代思想政治教育面对不同的教育对象，要突破传统文字符号限制，通过场景营造为教育对象带来更多的代入感，激发他们的共情能力。所谓共情，即设身处地地体会和理解他人心情的能力。思想政治教育场景可以通过激发教育对象的共情能力，获得教育对象对思想政治教育理论发自内心的情感认同。具体来说，在思想政治场景营造过程中要围绕提升真切感和互动感的原则开展实践。提升教育对象真切感，要求思想政治教育场景营造要根植于现实生活，无论是营造当下发生、历史记录还是现实的重构都要给教育对象真实和真切的感受。提升教育对象的互动感，要求思想政治教育场景营造过程中通过人与物等要素的直接现实互动、人与技术场景的人机互动以及人内心活动的互动，让教育对象能够通过感官获得感性认识，从而转化为对世界观、人生观、价值观的深度反思，形成理性认识。

第三，思想政治教育场景营造要唤起教育对象的沉浸体验。思想政治教育的本质是对教育对象进行主流意识形态的引导。引导的方式不乏对理论知识的传统灌输，但这种方式容易让教育对象产生排斥，很难滋润人心。为此，在思想政治教育场景营造过程中我们要在同一时空内将人的感官、身体和思想达到统一，让教育对象沉浸体验思想政治教育。沉浸体验是精力的高度专注，是由于专注而激发出当前情景下的愉悦和

---

① 列宁全集：第25卷［M］.北京：人民出版社，1988：117.

忘我的心理状态，这种状态可以促使教育对象加深情感认同、激发学习动机、提高学习效果。沉浸体验的实现关键在于场景的营造，思想政治教育场景要塑造不同形态的场景，只有当场景中的信息对教育对象产生足够强大的吸引力时，教育对象才可能达到一种类似于"心无旁骛"的沉浸式体验状态，让视觉、听觉、嗅觉等感觉达到时空的统一，从多方位影响、刺激教育对象的感官系统，实现"流连忘返"的沉浸式体验。

## 第三节　思想政治教育场景营造的方法

场景为思想政治教育活动提供了基础性的关系介质和环境依托，是开展"三全育人"工作的重要载体，场景营造作为思想政治教育面向未来的前瞻布局，将能动地改造教育对象和教育活动的现状。思想政治教育场景的营造方法需要在满足主体需要、社会发展需要和学科建设需要的基础上，坚持政治原则、理论原则、实践原则，分别从内容和样态两方面入手，在两者的有效融合中实现场景营造的科学化，从而激发思想政治教育场景的创新活力，拓展建构思路，提升思政育人的实效。

### （一）思想政治教育场景的内容营造

思想政治教育场景是以内容为核心开展一系列文化样态，以实现良好育人效果的场所，为此在思想政治教育场景营造过程中必须重点挖掘优质的场景内容，选择与教育内容契合度高且具有真理性的场景内容，以内容作为多种场景形式表达的基础。

第一，将"第二个结合"确立为思想政治教育场景营造的核心要素。党的二十大报告指出："中国共产党人深刻认识到，只有把马克思主义基本原理同中国具体实际相结合、同中华优秀传统文化相结合，坚持运用辩证唯物主义和历史唯物主义，才能正确回答时代和实践提出的重大问题，才能始终保持马克思主义的蓬勃生机和旺盛活力。"① 思想政治教育肩负着巩固马克思主义意识形态指导地位的重要任务，是坚持社会主义办学方向的重要阵地，为此大力推进马克思主义基本原理同中华优秀传统文化从内容到形式的深度结合，是思想政治教育场景营造的核心要素。马克思主义基本原理和中华优秀传统文化是当代青少年获取文化资源、精神滋养和思想智慧的重要源泉。在新时代，我们要继续推进马克思主义中国化时代化，着力把握马克思主义与中华优秀传统文化的前进方向，明晰发展路径，推动马克思主义基本原理与中华优秀传统文化深度融合，实现理论创新。为此，在马克思主义基本原理的指导下深度挖掘中华优秀传统文化中所蕴含的大量思政元素，并融入思想政治教育场景中，能够合力助推教育对象的思想道德建设，培养教育对象形成向上的道德意愿、道德情感，培育他们形成正确的价值观念，提高他们的道德自觉践行能力，从而实现立德树人、铸魂育人的重大意义。

第二，将"红色文化"确立为思想政治教育场景营造的关键要素。红色文化是高校思想政治教育的重要资源，是马克思主义中国化的重要精神成果，与马克思主义中国化时代化同向同行，与中国共产党百年奋斗史相生相伴。红色文化历来受到党和国家高度重视，习近平总书记多次强调"要把红色资源利用好，把红色传统发扬好，把红色基因传承好"②。为此我们要将红色文化作为关键要素融入思想政治教育场景中，通过红色文化与思想政治教育的融合，盘活红色资源，体现红色文化所

---

① 高举中国特色社会主义伟大旗帜　为全面建设社会主义现代化国家而团结奋斗：在中国共产党第二十次全国代表大会上的报告 [M]. 北京：人民出版社，2022：17.

② 习近平在视察南京军区机关时强调：贯彻全军政治工作会议精神　扎实推进依法治军从严治军 [EB/OL]. 中国政府网，2014-12-15.

蕴含的深厚的中华民族文化内涵和革命精神。青少年是红色文化重要的传承者和弘扬者，我们要通过红色文化的融入增加思想政治教育场景营造的文化元素，科学表达中华民族自强不息、艰苦奋斗的传统美德，引导广大学生传承红色基因、赓续红色血脉、厚植家国情怀、筑牢文化自信。

第三，将"优秀地域文化"确立为思想政治教育场景营造的有效要素。优秀地域文化是具有地方特色的一种文化，是具有宝贵思想文化内涵的精神财富，在历经长期且复杂的形成过程后不仅具有相对的稳定性，并且会对人们的价值观的形成和地域发展产生巨大的作用。优秀地域文化在思想政治教育中加以运用可以充分发挥其独特的育人功能，通过思想政治教育场景的营造将优秀地域文化引入课堂，拓展了思政课的价值意蕴，发挥了其立德树人的功能，更有助于优秀地域文化的传承和发展，引导受教育对象在文化认同中坚定文化自信。为此，我们要将"优秀地域文化"确立为思想政治教育场景营造的有效要素，特别是要将优秀地域文化中的非物质文化遗产融入思想政治教育场景营造中，作为加强理想信念教育、爱国爱党教育、思想品德教育的独特素材，从而将地域性和人文性融入课程教学中，实现文化资源向教学资源的转化。

第四，将"校园文化"确立为思想政治教育场景营造的点睛要素。校园文化是社会整体文化的一部分，是学校所具有的特定的精神环境和文化氛围。校园文化不仅包括建筑、景观、绿化等物化形态的内容，也包括传统、校风、学风等人文精神内核。只有健康的校园文化，才可以陶冶情操、启迪心智，促进人的全面发展。为此，思想政治教育场景的营造可以将"校园文化"作为点睛要素，例如，可以将校史资源进行整合和利用，加强校史馆、博物馆、陈列馆等场地的规划建设，使之成为师生接受校史校情教育、爱国主义教育的重要基地，在营造思想政治教育场景的过程中，展现出学校的文化精髓，实现立德树人的根本任务。

### （二）思想政治教育场景的样态营造

列斐伏尔以马克思主义作为分析工具曾指出（社会）空间是（社会的）产物和生产过程。思想政治教育场景营造受到人类固有的社会性和集体性的影响。在思想政治教育场景营造的样态体现上，在使用多样化的形式表达真理性的内容的过程中，应明确师生的主体地位，重视师生在思想政治教育场景中的交往关系和互动交流。为此，我们可采用以下多种样态营造思想政治教育场景。

第一，营造体验式思想政治教育场景。思想政治教育应是发生在一定的文化环境中，具有身体感知和场景要素制约的实践活动。所以，打造体验式思想政治教育场景强调学习过程应根植于身体与场景，加强直接经验的获得，提升学习的实践性，避免将思想政治教育变为单向灌输，缺乏理性思考与情感的价值认同。为此，我们可通过现代化技术的运用，将教育资源、教育活动和场景结合起来，将线上展览和线下体验结合起来，将线下活动和教学结合起来，增强师生在思想政治教育中的主体性，突出场景营造的体验感，使师生有身临其境的真实感受，从而最大程度地满足师生的精神需求。

第二，营造虚拟式思想政治教育场景。现代科学技术的发展为思想政治教育提供了丰富的资源，移动互联网时代孕育的新兴媒介为思想政治教育场景变革提供了新的成长空间。2021年中央网络安全和信息化委员会印发的《提升全民数字素养与技能行动纲要》明确指出："着力拓展全民数字生活、数字学习、数字工作、数字创新四大场景，激发全民建设网络强国和数字中国的积极性、主动性、创造性，提升全民数字化适应力、胜任力、创造力。"① 网络思想政治教育平台成为思政教育的重要阵地，价值引领逐步从实体思想政治教育场景向虚拟思想政治教育场景转变，虚拟场景成为思想政治教育场景营造的重要方式。要积极利用大数据、人工智能、VR 等信息技术不断扩充思想政治教育数字场景的感知空间，通过动作捕捉设备，在虚拟空间中建立起"现实的人"和"虚拟的人"的映射关系，使学习者能够以第一视角，感知和理解思想政治教育场景所呈现的教育内容，实现立体化育人，不断增强思想政治教育空间的内涵容量。

第三，营造情景剧式思想政治教育场景。情景剧作为一种思想政治教育场景的新形式，是以学生为中心，充分发挥学生主体性的重要方法。情景剧式思想政治教育场景能让学生参与其中，引导学生进行情景剧的编排，使学生投入角色扮演，发挥学生的主观能动性，从而充分调动学生在思想政治教育活动中的主体地位。情景剧式思想政治教育场景的营造实现了在理论与实践的结合中，使学生能够多维度地观察现实问题，将抽象知识与实际生活联系起来，深化对马克思主义理论的理解与认知，引导学生树立正确的世界观、人生观、价值观，促进学生今后学习和生活的发展。

第四，营造有地域特色的思想政治教育实践场景。实践活动是开阔学生视野和胸怀的重要渠道，有效开展实践活动可以让学生在掌握相关理论知识的基础上，积极地参与到课堂活动中来。思想政治教育场景的营造可突破校园区域限制，发挥地域优势创建实践教学基地，搭建校外具有地域特色的思想政治教育场景。可以通过前期对所在地域范围内思想政治教育相关资料的收集与整理，以及后期设计、组织和搭建，营造

---

① 中央网络安全和信息化委员会办公室，中华人民共和国国家互联网信息办公室. 提升全民数字素养与技能行动纲要［EB/OL］. 中国网信网，2021-11-05.

出"行走的课堂"，搭建出具有地方特色的思想政治教育场景。我们可以联动博物馆、纪念馆等实践活动基地，充分利用好地域所特有的与思想政治教育紧密联系的红色资源、文化资源。例如，以辽宁阜新为例，组织学生参观海州露天煤矿、万人坑、三一八公园英雄纪念碑等，营造符合主题的思想政治教育场景，通过真实场景体验红色文化精神实质，为思想政治教育提供鲜活的载体，拓宽实践育人的主场地，体会地域红色文化的深厚底蕴和内涵，增强对红色文化的情感认同。我们还可以开展"红色足迹""地域文化"打卡实践活动，以学生为主体搭建思想政治教育场景，开展主题演讲、畅谈、合影留念等一系列活动，从而让学生在"红色足迹""地域文化"等景点打卡的同时也能重温革命时期的峥嵘岁月和先辈的感人事迹。另外，还可以充分发挥学生的主观能动性，调动学生的学习原动力，鼓励学生推荐自己家乡的红色文化和地域文化实践场景，通过 VR、AR 等虚拟现实技术平台带领大家云游景点，并由学生担任讲解员，让参与者获得良好的沉浸式体验，引起情感共鸣。

总之，通过营造有地域特色的思想政治教育实践场景，不仅传承和发展了优秀地域文化，更开阔了学生的眼界，增长了见识，通过地域文化精神的学习，由点及面地加深了对国家和社会的认可，增强了对社会的责任感，利于学生对思想政治理论内化于心和外化于行。

### （三）思想政治教育场景的科学营造

将场景化教育引入思想政治教育，有利于思想政治教育内容的创新表达、过程的多方互动和评价效果的及时改进，然而场景化教育也会带来诸如削弱思想政治教育的价值内核、内容深度，从而导致思想政治教育的信息误读、造成思想政治教育流于形式等问题，为此，我们要力求思想政治教育场景营造的科学性，以实现场景化教育在思想政治教育领域的科学运用。

第一，营造以守正为基础的思想政治教育创新场景，树立思想政治教育营造的边界意识。创新是一把"双刃剑"，思想政治教育场景的营造是对思想政治教育样态的创新，具有重要的时代意义，同时也给教育本身带来诸多挑战，为此，思想政治教育场景的创新营造要以守正为前提，也就是在营造思想政治教育场景的过程中教育者要处理好思想政治教育实践中的传统优势和创新样态之间的关系，把控好思想政治教育工作在场景化样态下的"变"与"不变"，在遵循事物发展的客观规律的基础上发挥主观能动性，在坚持思政教育的本质规律的基础上，运用现代化信息技术进行创新发展。在营造思想政治教育场景的过程中，要明确思想政治教育的目标是对人们进行主流意识形态宣传教育，为此我们依然要坚持马克思主义理论在意识形态领域的指导地位，保证主流意识形态的主导权，这是思想政治教育在创新发展过程中绝对不能偏离的航向。此外，还要切忌场景营造的技术形式主义，不能为了夸大场景形式所带来的创新效果而热衷于创建形式各异的虚拟教学平台，却忽视平台内容建设，更不能热衷于场景式教学方法却远离了课堂、抛弃了黑板、取代了传统教学方法，从而模糊二者之间的内在联系。我们要根据内容与形式的辩证关系原理，从内容是事物存在的基础对形式具有决定作用的实际出发，注重事物的内容，反对忽视内容、夸大形式的行为，要筛选符合教育内容的场景，围绕立德树人这一教育根本任务，营造良好的思想政治教育场景。

第二，营造符合学生特质的思想政治教育场景。"以人为本"是思想政治教育工作必须坚持和贯彻的教育教学理念，营造科学的思想政治教育场景要求我们深入分析"人的需要"，"以人为中心"构建场景体验。这就要求我们在科学营造思想政治教育场景过程中，时刻"以学生为本"，深入掌握新时代学生的需求点、关注点、兴奋点，通过将抽象理论知识与虚拟现实场景的连接，努力搭建起学生满意、学生喜爱、学生爱学的思想政治教育场景，通过"以人为本"的思想政治教育场景的营造，加强教育针对性，体现营造思想政治教育场景的主体性原则，激发学生对思想政治教育的兴趣和认可，真正实现思想政治教育的入脑入心。

第三，提升思想政治教育主体的场景运用和感知能力。在思想政治教育场景营造的过程中，教育工作者发挥着关键作用，从内容的选择、信息的鉴别、价值观的引领乃至场景的时空构建，思想政治教育工作者都起着直接的作用，并直接影响着思想政治教育整体效果。为此，我们要加强对教育工作者在思想政治教育场景营造方面的相关技能培训，应坚持"师者先受教育"的基本原则，挖掘思想政治教育元素，强化理解，帮助思想政治教育工作者不断提高场景设计、搭建、连接和运用等多方面的能力。与此同时还要注重提升学生的场景理解和把握能力。思想政治教育场景的搭建有利于将抽象的理论知识具象化，便于学生的理解和记忆，但是面对形式各异的思想政治教育场景，我们要提防误入感官沉浸后的眼花缭乱，而忽略其中的价值含义，因此，思想政治教育者应帮助学生提高对思想政治教育场景的观察、认识、理解、分析等能力，通过开设相关培训和指导课程，提升其场景解读素养，引导学生在多样化的思想政治教育场景中感悟思想政治教育所蕴含的价值意涵。

第四，营造同频共振的思想政治教育场景。打造有高度、有广度、有深度、有温度的教育是思想政治教育的重要使命，这一使命的完成需要教育者在思想政治教育场景营造过程中更加注重情感融入和场景的互动体验，科学设计和搭建思想政治教育场景，与学生形成共情、产生共鸣，通过同频共振的思想政治教育场景的营造提升学生对教育内容的认同和理解。思想政治教育工作者要做到情理的有机统一，既要做到"以理服人"又要做到"以情感人"，通过思想政治教育场景的营造将深邃厚重的理论知识转化为生动形象的视听场景，让学生对场景感同身受，在鲜活感人的"小场景"中讲清楚、听明白党和国家的"大主题"，通过强烈真实的感官体验引发情感共鸣，促成感性认识能动地飞跃到理性认识，从而唤起学生内心深处的民族认同和家国情怀。

第五，提供比较完善的思想政治教育场景营造的资源。智能信息技术的不断发展使场景化教育呈现出强劲有力的发展态势，思想政治教育也不例外。为此，营造思想政治教育场景的过程中要调动一切技术资源加以整合，不仅有效利用校内技术资源，还要加大社会上校外资源的引入，通过校企合作和产教融合打造技术先进、资料充足的思想政治教育场景，特别是在人工智能及物联网、大数据等应用领域要主动出击，与相关技术单位和企业开展合作。通过共建虚拟现实技术研究院，共建虚拟现实应用领域的实习实训平台，联合开发相关课程，联合培养虚拟现实技术等专业人才，培养能熟练搭建虚拟现实场景的师资队伍，拓展多元思想政治教育新场景，进而推动思想政治教育转型新发展。

第六，坚持在"内容与形式"的辩证统一中营造思想政治教育新场景，呈现未来育人新趋势。推动思想政治教育场景营造的关键是实现数字信息技术与思想政治教育的高度融合。营造智慧化的思想政治教育场景是未来思想政治教育场景营造的新的发展趋势，包含着育人目标和育人手段双重含义，是思想政治教育内容与形式的具体体现。内容与形式的矛盾贯穿于事物发展过程的始终，为此我们要在两者辩证统一的基础上营造思想政治教育新场景。

一方面，育人手段是实现育人目标的有效途径，即营造智慧化的思想政治教育场景是实现思想政治教育目标的有效途径。为此我们要开辟思想政治教育在媒介空间的多模式样态，打造突破平面化表征的立体化影射的全媒体思想政治教育场景，为教育对象创设开放智慧的学习空间。智慧化的场景将说教式教学模式逐步转变为多样态的体验式、开放式、探索式，充满了智慧与创新的思想政治教育场景化教学模式，有效激发了教育对象的主体性和能动性。在智慧化的思想政治教育场景中，教与学的双方拥有同等的话语权力，可以实现更为高效的双向互动。在此基础上，在营造思想政治教育场景的过程中，教育者可以将丰富的思想引入智慧化的场景当中，引导教育对象自觉将个人智慧和观点与场景高度融合，在富有文化性、历史性、挑战性的思想政治教育场景中开展实践，激发教育对象修习主流价值思想的专注力，获得沉浸式学习体验，从而在承载思想政治教育内容的智慧化场景实践中完成思想政治教育目标。

另一方面，育人目标是育人手段的基础，即思想政治教育目标是思想政治教育智慧化场景的重要基础，具有决定性作用。满足"人的需要"即教育对象的个性化需要，提升主体的智慧思维和素养，在数字信息技术和人才培养的有机融合中落实立德树人的根本任务，是营造智慧化思想政治教育场景的根本和目标。为此我们可以依托智慧化场景所能够实现的数据采集、大数据访存分析等科技手段，实时关注教育对象的学习状态，追踪其在智慧化场景中的道德行为，评估其思想动态和成长变化趋势，从而及时采取有效教育方式和教育行为，纠正教育对象在教育过程中出现的问题。我们还可以通过青少年喜闻乐见的游戏评分式的智慧化学习评价系统，使教育对象得到场景探索与智能评分的双向激励，促使教育对象的道德认知与思想认识不断深化和发展。智慧化思想政治教育场景的应用如同攀梯，使教育对象在沉浸式场景实践中达到忘我的投入状态，从而深刻领悟思想政治教育场景所承载的教育内容和价值意蕴。

总之，智慧化的思想政治教育场景的营造绝不是机械地将数字信息技术与思想政治教育活动进行简单的叠加，这种层次的场景与其说是智慧化，不如说仅仅是数字技术对思想政治教育的工具支持，如同电子黑板代替了传统黑板,并非思想政治教育场景的智慧化营造。其实从数字技术支持的智能工具飞跃到智慧化场景,不仅意味着教育技术的升级更迭,更象征着育人理念的重大变革。在营造思想政治教育场景的过程中,教育者不应成为思想政治教育场景素材的"搬运工"和"讲解员",而应该锚定数字信息技术应用背后铸魂育人的本质,从而推动数字技术与人的全面发展的有机结合,在"内容与形式"辩证统一的智慧化场景中突出思想政治教育的价值,营造有温度的思想政治教育,帮助教育者和教育对象适应数字智慧的新样态,实现数字信息技术与思想政治教育活动的协同式发展。

第三章

# 思想政治教育场景的运用

思想政治教育场景作为思想政治教育工作过程的一种呈现方式，是影响思想政治教育活动效果和教育内容的因素之一。要对思想政治教育场景运用的特点和要求进行深入分析，正确认识场景应用的价值取向，在面临场景教育所提出的现实挑战的同时，科学地建构出一条"场景运用"的道路，将场景融合到思想政治教育中，提高其时代感、凝聚力和实效性。随着第五代移动通信网络技术（5G 网络）的普及，虚拟现实技术的应用，云计算分析技术的大范围应用，新一波的技术革命逐渐改变了人们的生活理念和方式，人与时间、空间和技术的关系持续不断地进行重塑和融合，这一过程正在推动这些概念的定义发生改变。同时，这种情况也为我们带来了对于传统教育理念和模式更新、更全面的要求。

思想政治教育场景的运用也将以往"讲得多、听得到、看得到"的理论传授形式，转变为"触摸得到、体会得到、感受得到"的全新的传授形式，这种传授形式对思想政治教育与场景的融合起到了促进作用，加速了思想政治教育场景教育的发展。当然，将场景教育运用到实际的思想政治教育过程中也并非凭空想象的。近几年，众多学者从不同的视角和维度对思想政治教育关于"时空""形态""形象"等问题的研究已有相当多的进展，其中就有对"场景"论域的涉猎和研究。我们要借助众多专家学者的研究成果，积极地发掘和开拓一种崭新的思想政治教育表现形式，将思想政治教育场景运用到实际的教育教学过程中，提升教育教学的实效性和延展性。思想政治教育活动与场景之间的相互联系、互相作用，对增强思想政治教育实施效果，促进人们在思想、行为上的进步具有重要的理论价值和实践意义。随着物联网技术的日益发展，思想政治教育活动在场景运用方面也在不断发展和进步，在具象化、智能化、广泛化等科学技术的加持下，构建一个沉浸式场景、交互式场景、育人式场景的思想政治教育场景，对思想政治教育工作有着极其重大和深远的影响。

## 第一节　思想政治教育场景运用的依据

思想政治教育场景论是一种研究思想政治教育现象的理论框架，强调场景在思想政治教育过程中的重要作用。如何理解场景与思想政治教育之间的关系？如何理解场景的概念？什么是思想政治教育场景论？将这些问题理清楚搞明白，才能准确把握思想政治教育场景运用的理论依据。在思想政治教育领域，场景是教育活动的具体环境，包括时间、地点、人物以及社会文化等多种因素。理解场景与思想政治教育之间的关系，掌握思想政治教育场景论，对于提高教育效果具有重要意义。

### （一）思想政治教育场景运用的内在逻辑

"场景"一词源于戏剧表演，是场景运用的初始形式，剧场舞台为观众创造了一种"在场"的身临其境的体验氛围。随着社会经济的飞速发展，科学技术的不断进步，现如今，社会已经步入数字化时代，罗伯特·斯考伯等人围绕移动设备、大数据、传感器、社交媒体、定位系统五种技术趋势构建了"场景理论",成为后续研究把握"场景"概念的基本分析框架。① 从场景理论的角度来看,场景不仅在驱动经济增长、引导公民行为和产生政治资源方面具有推动作用,同时也对城市空间中某一区域的地点特征、美学意义和文化内涵具有指向作用。因此,场景理论在多个领域中具有广泛的应用价值。就此场景传播的概念在数字时代的背景下应运而生,并引发诸多思考。场景的传播,本质上是对人们日常生活过程的记录和扩散,也是对人的各种生活实践的叙事。②场景在这里可以理解为一种数字化景象在人的日常生活中的实践应用。因此不难看出,场景的概念在诸多领域都有不小的关注度。以这些场景的观念与理论为基础,展开融合与梳理,也可以将场景理解为在一定的时空中,某个要素在一定的时空中互动、关联与作用的场景再现。可以说,场景是在特定的时空范围内,通过不同因素的相互交融、相互依存、相互作用,发挥出主题构建及暗示叙事的功能,同时可植入特定的含义,借此隐喻传递特定的目标内容,帮助构成认知的领域。因此,思想政治教育的教育元素亦可经由场景的承载、聚焦,刺激教育对象的外部感官。此外,场景所呈现的直观影像,更可发挥其可视化、表达意蕴以及启迪思维的作用,使教育内容更易吸引并感染受众。

对于思想政治教育来说,"场景"不只是一个简单的名词,它重新构建了人与人、人与时空、人与学习内容、人与技术工具等要素的连接和交互方式。思想政治教育场景由媒介要素组成,这些媒介要素中蕴含着构成场景的必要条件和价值,场景与场景之间的无缝转接对破除思想政治教育的孤岛化困境具有重要意义。在传统的思想政治教育的概念体

---

① 刘智斌,夏雅敏,王晓青. 网络思想政治教育流动育人场景的构建 [J]. 思想理论教育,2016(7):80.
② 阎峰. 场景即生活世界:媒介化社会视野中的场景传播研究 [M]. 上海:上海交通大学出版社,2018:116.

系当中，没有对思想政治教育场景这一概念进行阐述，大部分探讨和研究围绕在场景中是如何开展思想政治教育的。

　　首先，要根据对思想政治教育环境的改变，对思想政治教育载体的应用，对思想政治教育主体的互换，以理论知识为指导，设置符合特定价值观的场景设置、文化氛围和场景实践活动，使人在直观体验中获得充足的感性经验材料，帮助他们形成正确的理性认知和道德观念。在此意义上，思想政治教育场景的抽象理论与具体实践产生交集，构建出符合教育目的的场景。其次，场景能充分发挥外部因素的正向效能。环境是指人类生存和发展的空间，一般为自然环境和社会环境。思想政治教育环境作为影响思想价值观念的一切外部条件，除了具有环境的一般属性外，还具有自己的特性，不但制约着思想政治教育活动的形成与发展，而且其内涵、外延的范围非常广泛，对不同的影响对象而言，环境的内容和影响方式也有所不同，既包含积极影响，也有不良环境造成的消极影响。场景则是针对一定目的和实践活动而能动改造的特定环境，具有极高的灵活性和目的性。思想政治教育场景应围绕立德树人根本任务，聚焦教育活动和教育对象的具体需要，通过目标牵引有的放矢，最大限度地发挥外部因素的正面效用，增强思想政治教育效果，促进人的思想、行为的发展，培养中国特色社会主义高素质人才。最后，场景关注在此之中的涌现与展开。场所作为场景的重要组成部分，是场景活动的处所。思想政治教育的场所不但是教育活动发生的空间，更是包容思想与精神的"栖息之所"。在此基础上，场景则关注到场所内涌现的东西。思想政治教育场景并非被动地等待价值与意义的复归，而是设置承载价值文本的景别与场景活动，能动地改造教育对象与教育活动的"所在"，关注"在世之在"于此间的展开。

### （二）思想政治教育场景运用的理论依据

仅就现存的文献资料看，马克思的唯物史观理论中并没有关于"思想政治教育场景"直接的相关论述，但是思想政治教育场景就其实质而言可以理解为人的思想观念和道德意识形成的条件，是人的思想道德品质发展的时空场域，因而马克思辩证唯物主义和历史唯物主义中关于意识和意识形态等涉及人的精神领域的概念论证对思想政治教育场景构建研究仍然具有理论和实践指导意义。

在马克思那里，人和动物相互区别的根本标志是人的意识活动，正是有意识的活动构成了人之为人的依据以及整个人类社会。意识是思想道德意识等意识形态的发端，是人的意识，因为人是社会属性即人的社会性的存在方式，所以人的意识具有社会性的面相，人的意识是社会意识的体现。对此，马克思透彻地指出："意识一开始就是社会的产物，而且只要人们还存在着，它就仍然是这种产物。"[1] 意识不会凭空在人的脑海中自发产生，它并非来自纯粹的思维活动，而是现实生活和人的精神世界交互作用的结果。因此，构成思想道德意识等意识形态观念体系的前提和基础是人的"现实生活过程"。"现实的个人"多次出现在马克思的经典文本中，现实的从事实际活动的个人是马克思建构整个理论大厦的基石，马克思从现实的人的活动过程揭示意识形态的发生和发展，使思想道德意识等意识形态观念体系的构建厚植于现实的人、现实的人的实践活动以及现实的社会世界之上。思想政治教育场景的构建正是将人的现实生活融入思想政治教育的过程中，从而建立符合人的发展和社会发展的思想道德意识，提高思想政治教育受体对教育过程、教育内容、教育形式的接受程度。

---

[1]　马克思恩格斯选集：第 1 卷 [M]. 北京：人民出版社，2012：161.

从现实的个人出发，马克思对意识和意识形态的生产规律进行了深刻阐释，无论是存在于个人精神世界中的意识还是获得普遍化、社会化形式的意识形态观念体系都是"与人们的物质交往，与现实生活的语言交织在一起"①的。人的意识是现实交往关系的反映，是人的现实生活过程的确证，在一定的社会物质生活与实践中建立起的社会关系是意识形态存在的基础。任何时候，意识都是被意识到了的人们现实生活的过程，是组成人的生活的一部分。人作为能动的、历史的存在物，在创造历史的实践活动过程中不断完善、更新着自身的思想观念及思想观念的产物，这种观念形态的变迁依赖于客观的外部社会条件，在马克思看来，不是思想道德意识等意识形态观念体系决定了生活，相反地，任何脱离社会现实生活带有"神秘和思辨色彩"的意识形态都不过是无谓的"词句"斗争。既然意识是对现实生活过程的反映，不是纯粹来源于人脑内部，也不是独立存在的，那么其必然是以语言为载体，即意识必定通过语言来表达、交流和创造，语言是思想观念现实化的直接呈现形式，"语言和意识具有同样长久的历史；语言是一种实践的、既为别人存在因而也为我自身而存在的、现实的意识"②。马克思对现实生活过程的洞察，是建立在历史唯物主义的理论基础上，是对思想道德意识等意识形态观念体系确立基础的指认与确证，使人们对思想政治教育情境的理解建立在唯物史观的基础上。一方面，阐明人的思想道德意识对现实生活过程的依赖性，帮助人们明晰思想政治教育情境中蕴含"感受""实践""参与"等关涉主体道德体验的特质。另一方面，对意识与语言内在关联性的准确揭示有助于人们理解思想政治教育情境之于人的思想互动、思想沟通和思想转化的作用方法：经由思想政治教育情

① 马克思恩格斯选集：第 1 卷 [M]. 北京：人民出版社，2012：151.
② 马克思恩格斯选集：第 1 卷 [M]. 北京：人民出版社，2012：161.

境，人们头脑中的思想观念通过言语交流获得了表达、修正和更新的可能。从这个意义上，思想政治教育场景的构建促进了人与人之间的交流，更加容易形成理解及达成共识的潜在功能。

### （三）思想政治教育场景运用的现实意义

现实需要是推动思想政治教育场景构建的直接动力，并随着时代发展与社会主要矛盾的转化而不断变化。思想政治教育场景的运用正是从"现实的人"的需要出发，通过廓清新时代思想政治教育的新使命与新要求，并准确把握思想政治教育场景前进方向，从而满足了人的主体需要、社会的需要以及学科建设的需要。

首先，思想政治教育场景运用满足了主体的需要。构建道德实践场景有助于激发教育对象的兴趣和参与度，满足"丰裕一代"的主体需要。新时代的青年群体成长于社会经济快速增长的特殊时期，社会物质条件的极大改善与生活水平的普遍提高，塑造了青年一代相对优渥的成长环境，他们被称为"丰裕一代"。① 日益充裕的物质条件促使人的主体需要发生改变，在最基本的生存需要得到满足的情况下，发展需要和享受需要等更高层次的需要逐渐成为"丰裕一代"关注的焦点。面对新时代青年不同以往的代际需要，场景作为承载价值文本的场景环境，不但可以发挥思想政治教育生存功能的基础作用，还能聚焦主体的精神需要，以丰富直观的价值文本表征，为年轻人营造开放式学习空间，使他们浸入和谐向善的德性生活与道德实践中。在场景氛围的潜移默化中，青年群体逐渐认识到自己在全面建设社会主义现代化国家历史进程中的主体地位与使命责任，树立远大的理想目标，追求崇高的精神

---

① 付宇，桂勇. 当丰裕一代遭遇资产社会：解读当代青年的社会心态 [J]. 文化纵横，2022（2）：18-19.

境界。

其次，思想政治教育场景的运用满足了社会的需要。随着信息时代的到来，"网络已是当前意识形态斗争的最前沿"①，凭借网络空间的舆论霸权，西方意识形态渗透不断增强，并通过培植"意见领袖"操控网络舆论，大肆散布历史虚无主义与反马克思主义的错误观点，不断冲击社会主义意识形态在网络空间中的主导力。思想政治教育必须坚持马克思主义指导，重视网络信息环境中在线场景的构建，解决现实空间与网络空间意识形态建设发展不平衡不充分的新矛盾，增强网络意识形态领域防范和化解重大风险的能力，提升社会主义意识形态的网络引领力，营造清朗的网络精神家园。

构建思想政治教育政治场景，加强价值引领。为了有效发挥政治行为引导的基本功能，满足构建政治良序的社会需要，思想政治教育要不断推动场景运用建设，以重大历史节点为工作契机，构建人人参与的在线政治场景，如 VR 两会、国庆阅兵直播间等，拉近普通民众与重大政治事件的距离，提高人们的政治认识，凝聚广泛的政治认同。同时，要加强线上线下的政治场景联动，为青年网民的政治参与拓宽渠道，合理引导年轻人以理性态度进行政治参与，提高他们的政治素养与政治鉴别能力，帮助新时代青年形成正确的政治态度，树立正确的政治立场。

塑造思想政治教育历史场景，深刻领悟历史意义，汲取历史经验。"四史"教育是思想政治教育的重要内容，如何促进"四史"教育内容入脑入心，打破年轻人与历史文本之间的认知壁垒，为中华民族伟大复兴凝聚精神力量与思想认同，是思想政治教育创新发展的重要课题。思想政治教育场景依托信息与通信技术的进步，将构建链接红色文化资源的历史场景，以直观可感的红色文化表征充分还原历史场景，为"四

---

① 习近平关于网络强国论述摘编 [M]. 北京：中央文献出版社，2021：54.

史"教育提供沉浸式的体验空间。教育对象通过能动的场景实践活动，全身心地浸入历史文本营造的文化氛围中，跨越时空壁障在"四史"内容中获得情感陶冶与思想升华。

营造思想政治教育舆论场景，及时疏导社会心理与情绪。Web2.0时代是人人发声的时代，自媒体的网络浪潮带来了更为多元的社情民意表达渠道，也带来了全新的社会舆论问题——"后真相"，即个体根据自己的信念和情感进行意见表达，事实本身被淹没在众声喧哗的舆论浪潮之中，被"超真实"的舆论"真相"所取代。推动思想政治教育场景构建，以承载价值引导的舆论场景为主阵地，强化主流价值观的影响力，是解决"后真相"问题的有效路径。思想政治教育的舆论场景将通过在场体验的切身感受，破解网络的开放性、隐蔽性、无约束性和匿名性引发的道德失范，使人们的注意力与焦点回归事实本身，为理性判断营造良好的环境，及时疏导社会情绪、调适社会心理。

最后，思想政治教育场景运用满足了学科建设的需要。思想政治教育学科建设为思想政治工作提供了学科支撑与理论指导。进入新发展阶段，思想政治教育学科建设需要形成新的驱动力，推动学科发展由外延式向内涵式转变。理论创新是思想政治教育学科建设的根本驱动力。时代在发展，社会在进步，面对现代媒体技术深入发展所展现的数字化生存愿景，人们越发憧憬思想政治教育内容供给能够满足"此情此景"的场景需求。作为新的学科生长点与发展方向，思想政治教育场景的运用研究正是以当代人的主体需要、社会需要和认同需要为出场语境，洞察数字时代的历史趋向与时代机遇，展望思想政治教育活动发生处所的时空流变，以多模态资源表征、具身化感知体验、开放性场景交互、沉浸式场景探索为现实依托，系统阐释思想政治教育场景创设的要素结构，为满足思想政治教育的现实需要提供理论支撑与路径选择。

## 第二节 思想政治教育场景运用的原则

思想政治教育内容除了传统的表现形式外，还有另一种呈现形式，即思想政治教育场景，它是思想政治教育领域的融合运用，要适应在场化、沉浸化、共情化等新的交流模式，对所涉及的场景要素进行整合和创新，使其场景形式在实施过程中得以确定。思想政治教育场景是通过构建一个生动、灵活、多元的教育环境，突破传统思想政治教育在时间和空间上的局限性，在沉浸式场景教学中让教育对象通过模拟感官接触、强化信息交互、增加感情融入等体验，使教育对象真正"享受"场景、"体验"场景，这样，才能更好地提高教育对象的思想政治教育效能。其他学科的实践证明，场景教学是一种有效的教学手段，同样在思想政治教育过程中，运用场景教学对教育的内容、形式、效果都会有极大的提升。

### （一）思想政治教育场景运用的科学理念

首先，要树立"场景意识"，以场景化的方式，强化思想政治教育场景的运用，提高思想政治教育体系的创造性。场景思考是以教学目标为导向，从教学场景出发，以满足教学场景需求为目标的一种思考方式。这就需要我们思想政治教育工作者树立以教育对象为中心的场景教育理念，对不同场景下的教育对象的需要进行精确地掌握，并在此基础上进行个性化的教学，增强被教育对象在接受教育的过程中的交互体验感。其次，要坚持"以人为本"，强化其价值导向功能。思想政治教育工作的核心要点就是以人为本，做人的思想工作，通过强化思想政治教育场景理念来推动教育途径和方法的创新，把促进人的自由全面发展作为创新的出发点和落脚点，始终遵循"以人为本"的原则。在保障教育对象的主体地位的前提下，加强思想政治教育的价值导向，提高思想政治教育的实效性，从理论和实践两个方面解决在教学过程中和实践中所产生的问题。最后，要坚持"正己守道"，确立"边界意识"的观念。思想政治教育工作者应把握好传统优势和方法创新的关系，把握好思想政治教育的指导思想，遵循其自身的基本规律。在"场景传播"的时代背景下，思想政治教育工作者还应明确"变"与"不变"的关系，并利用现代数字技术进行隐性创新发展。

此外，我们应该始终围绕立德树人的教育根本任务，必须坚持马克思主义思想在意识形态领域的指导地位，确保主流意识形态在意识形态领域传播中的主导地位，以促进受教育者对主流意识形态认同感的提升。在创新发展的过程中，绝对不能偏离思想政治教育的中心任务，即向人民群众宣传主流意识形态，准确把握场景教育在使用过程中的边界感，审慎选择建立适合的场景技术传授教育内容，防止片面追求虚拟教学平台的构建而忽略了其内涵建设，或以场景教学代替传统教学混淆了两者的内在关系。

### （二）思想政治教育场景运用的基本模式

依据思想政治教育的内容要求，结合场景的构造方式、场景要求和技术特征，可把思想政治教育场景运用的模式划分为体验场景、虚拟场景和交互场景。

体验场景模式，是以体验为主的场景模式。在这个模式中，要以身份导向明确场景定位，重点突出的是教育对象线下的场景体验感受，通过构建对教育对象有吸引力的实体场景，将教育对象的日常生活、学习等熟知的场景与构建场景互相融合，让教育对象有现实环境中的情感体验，通过直击教育对象在现实中的各种"痛点"提高学习效果。场景运用的定位决定了思想政治教育中场景运用的具体方式和行为方向。身份导向决定了教育对象参与深度，不同的身份具有不同的场景性，而身份的认知依赖于日常学习、生活中的积累。在思想政治教育场景中，在场是人们交际的一个显著特征，所以思想政治教育场景的运用要以实践经验为依据，让教育对象以不同身份参与到场景中，捕捉教育对象在场景体验过程中产生的思想观念和价值观等话语表达，及时进行引导。

虚拟场景模式，是以互动为主的场景模式。在这个模式中，以教育对象的线上线下互动联系为主线，重点就在于现实与虚拟的连接互动，为教育对象带来更多更全面的虚拟体验的教育模式。这种思维逻辑模式对教育对象在学习过程中的知识生成做了最大限度的考虑，强调不同的虚拟场景下实现教学目标的途径不同，培养教育对象在复杂多变的虚拟场景中寻求问题的解决方案。在场景运用的背景下，教育对象将面临极其繁杂的情境，如何使教育对象在复杂的虚拟场景中打破固有思维模式，培养独立自主的价值分析和判断能力就尤为重要。可通过对各类虚拟应用与教学内容进行深入的整合，实现优质的线上资源的共享，创造出满足教学需求的、有特点的虚拟场景。引导教育对象在开放、动态的虚拟场景中，自主、灵活运用思想政治理论知识，找到解决场景中出现的各类问题的不同方法和途径，形成知识迁移能力和问题解决能力，让教育对象在虚拟场景中实现深度学习。

交互场景模式，是以连接互动为主的场景模式。在这个模式中，让教育对象沉浸在当前所在的教学活动中，并且得到身心愉悦和满足的情绪，着重突出线上与线下相结合，通过连接与互动的密切联系，发掘在思想政治教育场景运用过程中大数据应用所起到的作用，通过对移动式数字设备的开发及应用，提高虚拟现实技术、增强现实技术等全新技术在思想政治教育领域的应用广度，实现现实与虚拟界限的大突破，打破传统教育模式下的时空壁垒，给教育对象带来身临其境的沉浸式感官体验，以此引发情感共鸣，通过不断开发和应用移动式数字设备，我们可以进一步提升虚拟现实和增强现实等数字技术在教育领域的应用。这将使得教育变得更加身临其境，突破现实与虚拟之间的界限，并且消除时空的限制。学习者将能够通过这些技术获得沉浸式的感官体验，仿佛置身于真实的场景之中。这种身临其境的体验将引发学习者的情感共鸣，让他们更加深入地理解和体验所学的知识。"依据沉浸程度我们可以将沉浸划分为信息沉浸、感官沉浸和大脑沉浸三个层次"[①]，大脑沉浸是沉浸体验的最高形式，是最不容易受到外部干扰也是最容易引发思考的体验形态，理应成为思想政治教育场景运用的最高目标。让教育对象沉浸在场景当中，沉浸度越高，教育对象的专注力越集中，学习过程中的障碍越少，对思想政治教育理论的理解越全面。充分发挥交互场景在教学过程中的作用，不仅可以提供精准的学习内容，还能提供针对性的学习指导，从而让教育对象在自主学习和学习内容之间灵活运用。通过交互场景的应用，思想政治教育工作者可以根据教育对象的学习需求和能力水平，提供个性化的学习内容。通过场景技术，教育对象可以参与到虚拟的学习环境中，与场景中的角色、对象进行互动，从而更加深入地理解和掌握知识。思想政治教育工作者可以根据教育对象的学习表现和反馈，及时调整学习内容和难度，以确保教育对象能够在适当的挑战下进行学习，避免学习过程中的困惑和厌倦。此外，交互场景还可以提供针对性的学习指导。思想政治教育工作者可以通过场景技术，为教育对象提供实时的反馈和指导，帮助他们纠正错误、加强理解，以及提供更深入的学习思路和方法。通过与场景中的角色和对象互动，教育对象可以在实践中不断探索和实验，从而培养解决问题的能力和创新思维。通

---

[①]　王寅申，朱忆天. 沉浸传播时代思想政治教育的发展变革与价值澄明［J］. 思想理论教育，2021（4）：91.

过交互场景，教育对象可以更好地参与到学习过程中，主动探索和构建知识，选择适合自己的学习路径和方式。同时，交互场景也能够激发教育对象的学习兴趣和动力，提高学习的积极性和主动性。

总之，充分发挥交互场景在教学过程中的作用，思想政治教育工作者可以为教育对象提供精准的学习内容和针对性的学习指导，从而使他们在自主学习和学习内容之间灵活运用，提升学习效果和学习质量。

### （三）思想政治教育场景运用的生成路径

思想政治教育场景既不是凭空虚构，也非无根之木，在这一理论领域中，我们可以找到它的基点和根据。具体来说，思想政治教育场景的形成途径包括三个层面：一是环境，二是主体，三是载体。这三个层面在教育实践中并非完全独立的，在实际情况中它们是相互重叠、相互交织、相互辅佐的。

第一，构建以环境为基点的思想政治教育场景。环境与场景均存在于特定的时空中，且均建立在特定的时空下的区域或结构之上，所以，二者的概念在某种程度上具有相同与相通之处，我们可将一定的思想政治教育场景与思想政治教育环境视为同一种环境。然而，由于二者是两个不同的概念，其所处的情境也有其自身的特点。首先，思想政治教育环境，是指环绕并影响思想政治教育活动开展和思想、行为形成、发展的一切外部因素的总和。[1] 对比思想政治教育环境，思想政治教育场景是以主题清晰明确、以内容为中心、以"讲述"为主、以事件发展为表现形式的思想政治教育环境。而以氛围为主的思想政治教育环境，强调环境对周遭的影响，相对缺乏对中心场景的聚焦，呈现出通常性、规律性、习惯性的表达特点。其次，相较于思想政治教育环境强调所有外

---

① 思想政治教育学原理：第二版［M］. 北京：高等教育出版社，2018：280.

在要素而言，在具体的思想政治教育情境中，并不一定要把"所有"集中到"一切"上。在环境中，教育对象更多受到整个气氛的影响，而在场景中，教育对象能清楚地了解场景的结构，读出场景中的隐喻性信息，以及在低环境层面的场景中所产生的深层的微观印象。在思想政治教育环境中，各个因素存在相互影响、相互依托，并不一定按照特定顺序进行作用与交互。以庆祝中国共产党成立 100 周年大会为例，以北京天安门为中心，在特定的时间和空间中，构建了一个以爱国爱党为中心的思想政治教育环境。在这样的氛围中，飘扬的五星红旗，合唱团的歌声，排列"100"字样的直升机编队，还有建党百年的主题景观，这些元素的有序结合和相互影响，形成了一个特殊的新时代爱国主义教育的思想政治教育仪式场景。最后，基于二者的区别，我们可以看到，具体的思想政治教育场景能够对环境进行一定程度的优化，着重环境中的某一项重要信息，从而使得其既有蕴含在环境中的"场"，又有具体题材下的"景"。基于此，构建思想政治教育场景的一种重要方法，即根据实际情况，对思想政治教育环境进行优化，让整个环境气氛，形成突出主题的教育性目的，进而达到场景化的转化。

第二，构建以载体为基点的思想政治教育场景。单纯把思想政治教育场景看作一种情境的结果，容易造成对其研究的片面性和局限性。比如，人民英雄纪念碑、革命英雄的雕塑、爱国主义教育基地、国防教育基地、历史文化展览馆等。而这一切都是以环境为基础建立起来的思想政治教育场景。事实上，在这类场景中，更多关注的是其中某一个要素对思想政治教育信息内容的承载。所以，在对教育对象进行思想政治教育时，不仅可以从其自身所处环境出发，也可以从思想政治教育载体的角度来尝试探讨思想政治教育场景的构建。对思想政治教育载体的概念界定，目前一般认为是"在思想政治教育过程中，思想政治教育者为实现一定的教育目标，选择、运用承载一定的思想政治教育信息的教育中介"①。思想政治教育场景在表面上可以被视为传递教育信息的载体，但实际上它并不仅仅扮演这样的角色。从严格意义上讲，思想政治教育场景的本质是在多要素作用关系下对景象起到呈现作用，本身并不承载思想政治教育的具体信息内容，不能直接认定思想政治教育场景为思想政治教育载体。而我们在场景所看的信息承载实际上是场景中的某一要素所进行的信息承载。在思想政治教育场景下，思想政治教育信息载体主要有两种可能：一是思想政治教育场景中的某一些元素本身具有承载思想政治教育信息的能力，从而使信息得到加强、浓缩和升华。例如，天安门文创出品首款红色题材公仔—"星火燎原"系列兵偶（红军、八路军、解放军、少先队等 8 个角色）；中国网络社会组织联合会、江西省网络社会组织联合会、吉安市委宣传部、井冈山市委四方共同发布的"井冈山精神代代传"红色数字藏品（包含井冈山红旗、胜利的号角、黄洋界、八角楼、映山红数字专辑等五款数字藏品）。这些收藏品由玩家或收藏家对其进行分类、设计和组合，营造出不同的场景，从而使人体会到历史的韵味，感受到文化的熏陶。二是具体的思想政治教育场景中的某一些因素，一开始并不包含思想政治教育信息，但当其被设计和组合后，就会产生和携带一定的思想政治教育信息。比如，花草树木作为独立的个体，它们本身并没有什么思想政治教育的意义，但当它们被巧妙地设计成"中华民族伟大复兴"这样的字眼时，它们就会被赋予"民族奋斗""责任担当"等爱国主义精神。在这里要特别指出，思想政治教育场景产生之后，它仅仅是作为一种由多种要素共同作用下的景象存在，但其表现形式可能会因不同的质态而有所差异。这种"质"是指在一定时间和空间中，可以长时间、稳定地保持其状态的物质形式，以及在一定时间和空间中进行的具体的

---

① 思想政治教育学原理：第二版 ［M］. 北京：高等教育出版社，2018：231.

过程。在一定条件下，具体的思想政治教育场景可以借助各种媒体进行再现与传播，比如利用图像、视频、虚拟现实技术等手段，将这一场景与之融合，进行二次传播与再现。这样，思想政治教育场景就具有了新的性质，使其具有了作为载体的作用。

第三，构建以主体为基点的思想政治教育场景。学者潘一坡、项久雨提出"思想政治教育时间与空间贯穿着'现实的个人'及其交往活动"①，并强调了思想政治教育在时间和空间上的"主体性"。这说明，在一定的时间、空间环境中，个体的思想与行为都会被场景所影响，同时，个体也会在一定的时间、空间环境中，通过自己的社交活动，塑造出不同的场景。从思想政治教育主体的角度思考，是思想政治教育场景构建的另一条重要途径。思想政治教育主体，也就是思想政治教育的施教者，是开展思想政治教育工作的一个重要因素。可通过以思想政治教育客体为中心，也就是以思想政治教育的目标为中心，开展符合教育目标、需求、效果的思想政治教育活动，以提高其思想政治素质。

在思想政治教育中，主体之间的相互交往构成特定关系场景。"人的本质不是单个人所固有的抽象物，在其现实性上，它是一切社会关系的总和"②，在二者的活动过程中，不可避免地存在着一定的互动关系。在此关系的生成过程中，各个主体之间通过互相影响、互相沟通、互相启发，建构出具体的场景，并将零散的信息与情绪模块进行整合，形成一个完整的信息与情绪领域。这种场域的形成，有助于加强思想政治教育主体之间的联系和互动，提高思想政治教育的效果和质量。在《圆桌派》《非正式会谈》这类聊天节目中，我们能够发现

① 潘一坡，项久雨. 思想政治教育时空论［J］. 思想教育研究，2020（11）：44.
② 马克思恩格斯选集：第1卷［M］. 北京：人民出版社，2012：135.

多个思想政治教育的场景。主持人及嘉宾们围绕着"各国最有影响力的中国人是谁""世界各国最喜欢的中国制造""谁的青春不迷茫"等话题展开深入讨论，通过思想交流与碰撞，为观众提供丰富的思考空间和启迪。

思想政治教育主体实践行动发生时的行动场景，是构成思想政治教育的又一要素。在思想政治教育过程中，主体围绕一定的教育主题，通过与一定要素进行实践互动，形成具有感染力和引导力的教育场景。主体通过自身的实践行动，或以身作则、率先垂范，或演绎诠释、还原历史，来构建具有代表性和示范性的教育场景。例如，"最帅逆行者"消防员在灭火救援一线营救人民群众脱离火场远离危险的身影，话剧表演中演员饰演成"五四"青年高喊"外争主权、内惩国贼""誓死力争，还我青岛"的演绎场景等，都能将一定的思想观念和价值取向凝聚其中。这些场景能够有效地引导人们的行为和思想，促进思想政治教育目标的实现。

思想政治教育主体通过运用语言描绘，构造出特定的精神场景。这些场景既基于思想政治教育主体传递的语言符号，也依赖于教育客体基于个体认知经验，在头脑中对教育主体所传递的内容进行主体想象与自我建构。这样的描述，可以在主客体间架起一座心灵的桥梁，使其产生一种认识的加强、思维的体验。通过对这些被教育对象真实听到、真实经历和真实参与的生活场景，或者是与教育客体的兴趣爱好相联系的过去或者未来场景进行描述，让教育对象能够从这些语言符号之间的整体联系中获得准确的含义。这样的描述，可以使被教育者的大脑产生与之相对应的场景记忆或场景想象。

## 第三节　思想政治教育场景运用的策略

在思想政治教育过程中，我们要合理地运用场景教育，从理念能力、建设机制、保障机制等方面入手，充分发挥场景在思想政治教育过程中的作用，培养专业的思想政治教育人才，提高他们的专业素养、综合能力以及运用场景的能力，使他们能够更好地运用场景进行思想政治教育，同时制定相应的标准和规范，确保场景建设的科学性和规范性。只有将各种驱动因素转化为实际的效能，才能更好地发挥场景在思想政治教育过程中的作用。

### （一）思想政治教育场景的运用机制

为了完善思想政治教育场景运用的机制，要提高思想政治教育工作队伍的素质，创新思想政治教育的方式方法，根据教育对象和场景的不同，采取灵活多样的教育方式，增强教育的吸引力和实效性。

第一，深化角色的核心理念，全面理解教育对象的需求和期望。在场景思维中，以人为本是至关重要的，用户期望能够得到符合要求的个性化的信息服务，所以，在进行思想政治教育场景运用的时候，要精确地了解教育对象对教学内容的要求和期望，针对不同的内容和差异化需要，适当地对自己的教学场景进行调整，同时也要充分考虑到教育对象的主观能动性，创造出一个能够帮助教育对象达到学习目标的场景。在应用思想政治教育场景时，要充分认识到教育目标的差异和复杂程度，并对学习需要进行理性导向。在场景学习前激发合理需求，引导学习效果达到理想状态；在场景学习后审视需求的合理性，调整心理预期和学习目标，防止合理需求向不合理方向转化。

第二，根据场景技术的特性和教育目标，有针对性地选择教育内容。内容选择是场景思维的关键要素之一，教育工作者应根据学生的实际需求和学科特点，精心挑选合适的内容，以确保教育效果的实现。如果选择的内容与场景技术不匹配，可能会导致教育效果不佳甚至适得其反。通过有针对性地选择教育内容，教育工作者可以更好地利用场景技术，提升教育效果和质量。合适的内容选择能够激发学生的学习兴趣，增强他们的参与度和动力，从而更好地促进对知识的理解和掌握。同时，合理的内容选择也能够培养学生的思维能力和创新意识，使他们能够将所学知识应用于实际情境中，提高解决问题的能力和素养。思想政治教育工作者需要深入理解场景技术的特性，明晰内容选取的标准。适合场景技术呈现的教育内容应具有人机交互性，教育内容能够与教育对象进行互动，根据教育对象的反应和需求提供相应的反馈和指导。还要具有时空跨越性，能够跨越时间和空间的限制，让教育对象随时随地都可以获取所需的知识和信息。也要具有情理交融性的内容，能够将情感和理性相结合，让教育对象在获取知识的同时，也能够得到情感上的共鸣和认同。为了加强思想政治教育工作的效果，思想政治教育工作者应积极进入场景社区，充分发挥场景社区的文化力量，以传播主流意识形态。他们可以创建"思想政治理论学习群"，通过多种方式，如表达方式、语言符号、实景图片等，引导参与者选择一个积极、健康的场景社区，并与他人积极地交流信息和意义。在这种交流和分享中，参与者可以获得情感共鸣和价值认同。这样一来，思想政治教育将更加贴近实际生活，更能引导人们形成积极的思维和行为方式。

第三，提高教学体验的深度、真实感和沉浸感，营造个性化教学场景。提供好的场景体验可以增强场景黏性、提高场景吸引力、提升情境契合度，进而产生更多场景价值。因此，应以增强教育对象的体验感为主要目标运用思想政治教育场景，包括利用场景技术可以将抽象的思想政治教育信息转化为形象生动的场景，从而使教育对象更好地理解和掌握知识。场景技术可以通过虚拟现实、增强现实等方式，将抽象的概念具象化，让学生身临其境地体验和感受。例如，可以利用虚拟现实技术创造一个模拟的政治会议场景，让学生扮演不同角色参与讨论和决策，从而培养其抽象思维和创新能力。为了更好地应用场景技术进行思想政治教育，教育工作者需要深入理解场景技术的特性和原理，明确选择内容的标准和目标。他们需要了解不同场景技术的优缺点，选择适合的技术来呈现教育内容。同时，他们还需要明确教育目标，确定要传达的核心思想和价值观，以确保教育效果和质量的提高。通过充分利用场景技术，思想政治教育可以更加生动有趣，更具吸引力和互动性。学生在参与场景教育中不仅可以获得知识，还可以培养批判思维和创新能力，从而更好地应对现实生活中的挑战。在这样的教育环境中，学生将更加主动地参与学习，形成积极的学习态度和行为习惯。

第四，构建全方位场景化传播的社区链接矩阵。在场景运用过程中，信息传递呈现碎片化、动态化，而链接可以实现"连接一切"的目标。可将场景资源、场景内容重构起来，实现信息实时共享，并创建兴趣一致的群组。在思想政治教育场景建构时，要注重链接这一关键元素，用户可通过链接获取所需信息和知识，实现"连接一切"的目标，形成场景社区。在场景社区中，基于共同点展开信息分享、点赞发言，形成情感共鸣、价值认同，在场景社区的体验中强化价值认同。思想政治教育工作者要主动占领场景社区的阵地，充分利用场景社区的文化力量进行主流意识形态传播。创建"思想政治理论学习群"，通过表达方式、语言符号、实景图片等多种方式，指导教育对象选取一个更加适合自己的、积极的、健康的场景社区，让他们能够主动与他人交流积极的信息与意义，在交流与分享中获得情感共鸣、价值认同。

### （二）思想政治教育场景的运用素养

作为思想政治教育工作者应妥善利用重大事件、关键事件所创造的教育契机，及时把握各类重大事件的特殊形势，利用思想政治教育场景对事件实现直播或重现，帮助教育对象建立现实感知与政治认知的联系，明确其中的教育功能与实践方向，并引导教育对象对事件本身进行讨论和评价。对大部分教育对象而言，重大事件发生时他们都无法到场亲身体验，对他们来说只能通过电视、微博、抖音、微信等数字媒体了解事件发展的过程和结果，因此，他们对事件的理解往往是片面的、偏颇的，只对事件有一个抽象的概念。随着数字时代的到来，利用虚拟现实技术和全景相机等先进的数字设备对影像传播的提升，为重大事件提供了沉浸式的立体影像、全方位的现场视野、实时移动直播等新型报道形式。这些报道形式能够让观众身临其境地感受现场氛围，提供更为真实、生动、立体的媒体体验。

使用虚拟现实技术，对事件现场用立体图像直播呈现出来，不仅仅是将教育对象的体验感延伸，更使他们能够实现对事件现场的"亲身体验"。这种形式的思想政治教育场景极大地拓宽了教育对象的时空范围，通过让其身临其境地体验事件中的具体场景和现场氛围，使其更强烈地感受到时效性和代入感，从而对事件的认知更加全面、饱满和立体。思想政治教育工作者可以充分发掘"VR 新闻直播""VR 网络展厅"等大型虚拟场景，以定向直播的方式，实现对时空限制的深层次突破，借助重大事件 VR 直播场景，提供分组浏览和细节呈现等个性化浏览设置，满足教育对象群体的多样化需求。让教育对象可以根据个人喜好，通过移动鼠标或滑动屏幕，实现对 VR 直播场景的个性化调整，包括场景大小调节和全方位移动，从而获得个性化的场景画面，更加真实、有效且丰富地获取场景要素。同时，这些场景也能有效地融入思想政治教育功能。利用虚拟现实技术，教育对象可以更直接、更深刻地了解和感知两会，从而增强他们对国家政治事务的认同感。这种直播场景不仅丰富了教育对象的学习方式，也提高了他们的政治素养。

### （三）思想政治教育场景的教学运用

思想政治理论课程是思想政治教育的主要传播途径。要实现"理论知识深入脑海"的目标，重点并非在于机械性记忆理论的文字表述，而是要深入理解并领悟理论内容的含义。将场景构建技术与思想政治教育课程进行深度结合，构建一个与理论教学相契合的沉浸式教育场景，是当前教育领域中一个非常重要的议题。

第一，在理论教学中运用思想政治教育场景理念，把抽象无形且枯燥的理论知识通过场景以具体和直观的方式呈现出来，使原本难以理解的理论变得可视化、具象化，提高理论教育兴趣和亲和力，可以更好地帮助学生理解和掌握思想政治教育的理论知识。在传统的理论教学中，学生往往只是被动地接受知识，缺乏对知识的深入理解和应用。而通过将场景融入理论教学，可以将理论知识与实际场景相结合，帮助教育对象对理论学习形成感性认识，提高思想政治教育的教育效果，让教育对象更加直观地了解和掌握思想政治教育的理论知识。

第二，在理论教学中运用思想政治教育场景理念，可以更好地培养学生的实践能力和创新精神。在传统的理论教学中，学生往往只是学习理论知识，缺乏实践能力和对创新精神的培养。而在针对理论教学需要所构建的虚拟环境中，教育对象可以自由选择环境中的物体和景象，实现个性化、自主化和交互化的学习体验，让教育对象在实践中学习和掌握知识，培养教育对象的实践能力和创新精神，增强教育对象在学习过程中的主动性和理论课程的导学能力，帮助教育对象理解和掌握思想政治教育的理论知识。

第三，在理论教学中运用思想政治教育场景理念，可以提高思想政治教育的针对性和实效性，让教育对象更加直观地了解和掌握思想政治教育的理论知识。在传统的理论教学中，往往缺乏针对性和实效性，难以满足学生的实际需求。要将理论知识与实际场景相结合，根据学生的实际情况和需求，建立更加具有针对性和实效性的教学"虚拟情境"，帮助教育对象打破时间与空间的阻隔，以第一人称的视角来观看、理解理论产生场景，从而达到"沉浸式"的理论学习体验，为他们设定自我学习目标、自我监控和自我评估提供强有力的支持，进而增强他们对理论知识的直接感知，提高思想政治教育的效果。

综上所述，注重思想政治教育场景的教学运用可以提高思想政治教育效果，加深教育对象对思想政治教育理论知识科学性的理解。我们应该加强对这一领域的探索和研究，不断完善和改进教学方法和手段，让教育对象更加深入地了解理论知识的实际应用，为培养具有高尚品德和良好思想素质的人才做出更大的贡献。

# 第四章

# 思想政治教育的仪式场景

随着社会的发展变化以及"场景"应用领域的不断演化与更新，仪式场景为思想政治教育场景研究提供了新视角新思路。随着思想政治教育的发展，深度链接"仪式"与"场景化教育"，有效搭建了仪式场景"育人平台"，促使思想政治教育生动化具体化发展，对提高思想政治教育实效性具有重要意义。仪式活动为思想政治教育注入活力和动能，随之衍生而来的思想政治教育仪式场景理论在丰富思想政治教育场景论内容的同时，也强化了场景化教育的多元表达方式，有利于凝聚思想政治教育场景化合力。为此，契合思想政治教育主体的需要，将仪式场景和思想政治教育相融合并不断推进场景化教育创新发展逐渐成为思想政治教育的一项崭新课题。

基于仪式场景理念和视角，将仪式场景思维迁移到思想政治教育领域并不断开辟思想政治教育场景理论研究新境界，对于有效开展场景化教育和增长思想政治教育实践育人经验、推进场景理论建设和发展具有一定参考价值。创设和科学运用仪式场景对思想政治教育对象凝聚思想认同和激发社会情感有着重要影响，对深度挖掘思想政治教育资源、创新思想政治教育方式方法具有一定参考意义。中国共产党历来高度重视仪式思想政治教育工作，仪式场景化教育的有机嵌入对新时代思想政治教育研究工作提出了新要求和新挑战，基于此，本章在界定思想政治教育仪式场景内涵的基础上，总体阐述思想政治教育仪式场景的功能、探究思想政治教育仪式场景的有效运用，力争对完善仪式场景理论建设、实现仪式场景化教育和提高仪式思想政治教育健康有序发展发挥重要作用。

## 第一节　思想政治教育仪式场景的内涵

"仪式场景"是什么？准确理解这一问题是把握思想政治教育仪式场景的内涵、功能及合理运用的关键所在。本章通过对"仪式""场景"等内涵进行层层梳理和递进分析，力争阐明思想政治教育仪式场景内涵的核心要义。明确思想政治教育仪式场景这一内涵，有助于创新思想政治教育仪式场景理论视域下的教育策略和方式方法，促进仪式场景化教育研究和助力仪式场景理论在思想政治教育领域融合的深度发展，推进场景理论建设工作。

### （一）仪式

仪式，多指典礼的秩序形式。在不同的语境下，基于不同学科的研究和发展，学者对仪式的内涵也存在着不同视角的理解和解释。立足本书研究视角，基于思想政治教育视域下的仪式是指，特定的社会成员在一定的时间节点按照特有的程序进行的用以表达一定的价值观念、思想情感、道德理念、文化观点和社会信念的规范性的社会实践活动。此类仪式活动具有积极正面的意义，表达了一定的社会情感。因此，本书认为仪式活动具有凝聚群体情感、传递价值观念、强化思想认同、维护社会秩序的作用，是一种与社会主流价值观相契合的实践活动。

## （二）仪式场景

"场景"是什么？梳理这一问题是准确把握思想政治教育仪式场景内涵的关键。有学者认为，"场景来源于影视术语，本意是指不同的人物关系在同一场景下组成的丰富画面"①。总体上看，场景是特定时间和空间中的情景，可以用来描述行为活动、人物关系所发生的时间、位置和环境等信息条件。"场景"泛指人与周围事务的关系总和，是在特定的时间、地点、人物等要素背景下的行为活动或者人物关系所构成的具体情景和活动场面。它是时间、地点、人物等要素的集合体，连接了各要素之间的关系，用以传达一定的信息和情感。

随着场景理论的应用和普及，基于场景视域下的仪式活动与场景教育元素的融合创新所建构而成的仪式场景理论也应运而生。仪式场景主要是通过特定仪式活动所营造的情境和活动场面，是根据思想政治教育对象的行为需求和思想观念有针对性地开展仪式活动所创设的情景。通过开展特色鲜明的仪式活动并借助仪式实践活动所传达的价值观念，以此激发情感共鸣和形成价值认同而构建的情景，旨在通过创设仪式场景构建个体与群体在文化、思想、情感等方面相契合的精神共同体。

## （三）思想政治教育仪式场景

仪式场景建立了人与时间、空间、仪式活动，以及思想政治教育等要素之间的关系。对本书而言，思想政治教育仪式场景探究了"仪式场景"背景下的思想政治教育问题。因而，随着场景理论的发展及其跨学科跨领域的应用和推广，考虑思想政治教育主体的需要，仪式场景

---

① 孙瑞娜. 基于场景化的高校图书馆阅读推广策略探析 [J]. 河南图书馆学刊, 2020 (12)：94.

理论在思想政治教育领域的有机结合则逐渐走入思想政治教育者的研究视野。本书语境下的思想政治教育仪式场景主要是指将"仪式场景"理论与思想政治教育相结合，开展一系列具有思想政治教育属性的仪式活动所创设的场景。其基本思路是用社会主流推崇的思想观念和道德观点通过有计划有组织地对受教育者的道德观念、思想情感、价值观点等施加影响的仪式活动进行思想政治教育的主要情景。因而，思想政治教育仪式场景是指思想政治教育者围绕立德树人目标，通过在特定的时间节点和举办场地在特定程序下举办和开展的具有教育意义的仪式活动所营造和创设的情景，旨在指引和帮助教育对象和社会成员达成情感共识、恪守道德规范，以达到强化受教育对象的思想意识和价值理念，从而更好地推进思想政治教育发展，宣扬主流意识形态和实现社会教育教化的目的。

简言之，思想政治教育仪式场景是思想政治教育者利用仪式类的社会实践活动进行思想政治教育的主要场景。通过营造仪式场景提高人们的思想道德、综合素质，将主流价值观内化于心并外化于行，以此促进个人和社会健康发展。在特定的场景文化中，通过一系列有目的、有计划、有组织的仪式活动让受教育者在潜移默化中形成对仪式活动所体现和彰显的价值观的认同，从而形成思想情感认同、历史文化认同。本书所提到的思想政治教育仪式场景包括社会仪式场景、学校仪式场景和政治仪式场景几部分内容。值得注意的是，本书语境下强调的仪式场景是基于思想政治教育视域下的场景理论，是通过各类具有教育意义和思想政治教育特点的仪式活动来呈现的场景，违背教育目的的仪式活动不属于仪式教育活动范畴，同样其创设的场景亦不属于思想政治教育视域下的仪式场景研究范畴。

第一，社会仪式场景。社会仪式场景是指由社会组织主导的旨在向社会成员传达一定价值观，用以传达国家和民族文化的仪式活动所创设的具有教育和引导意义的情景。通过此类社会仪式活动创设思想政治教育场景，可强化社会仪式场景的创新性话语性表达，传递社会价值、历史文化和集体情感，表达社会观念和激发社会群体坚定民族自信心、弘扬民族精神的信念。社会仪式场景包括通过举办国家典礼、国家公祭仪式、"劳模表彰"、重要历史人物纪念仪式、"党史纪念日"等仪式活动所创设的教育场景。借此场景塑造群体的情感共识和增强民族认同感，可实现场景育人的目的。

第二，学校仪式场景。学校仪式场景是指学校借助具有教育意义的仪式活动，利用重要时间节点，有效利用开学典礼、升旗仪式、学校校庆、毕业典礼等重大仪式活动开展思想政治教育的情景。它是仪式教育活动在学校思想政治教育领域加以延伸拓展所搭建的思想政治教育场景，旨在通过开展具有积极价值意义的仪式教育活动，强化学生的集体意识和对学校、社会、民族的情感认同。以场景构建培育学生家国情怀和对民族精神的信仰，可使青年学生提高自身思想道德修养，树立正确的世界观、人生观和价值观，厚植爱党爱国和爱社会主义的情感。

第三，政治仪式场景。政治仪式场景是指通过开展具有政治意义的仪式活动进行思想政治教育所营造的情景，以此影响社会成员政治信仰的确立，达到凝聚社会主体的政治认同和树立正确政治观点的目的。因而，它具有鲜明的政治立场和意识形态属性，彰显着极强的政治观点。政治仪式场景范畴比较广泛，包括通过开展"党组织成立仪式""入党仪式""入团仪式""党内表彰仪式""党员过政治生日"等政治类仪式活动所创设的情景。通过创设政治仪式场景宣扬社会主流意识形态，培育社会成员的政治观念，可达到塑造受教育者的价值观，坚定正确的政治立场，提高政治判断力和政治理论素养，进行思想政治教育的目的。

## 第二节 思想政治教育仪式场景的功能

功能是指机能或效能的意思，用以指代事物所发挥的有利作用。思想政治教育仪式场景的功能是就其具有的社会作用和所发挥的效能而言的。随着思想政治教育深入发展、场景影响力日益提高和辐射力度不断提升，思想政治教育仪式场景的功能也在显著提高。本章从以下几方面分别对思想政治教育仪式场景的功能做出解析，力争进一步阐明思想政治教育仪式场景的功能。

### （一）价值引领与行为规范

第一，仪式场景担负着重要的价值引领功能。价值观是推动民族进步和社会发展的强大思想力量和持久精神动力，而仪式场景理论的价值意蕴体现在增强思想政治教育对象的思想认同和情感共鸣中承担的价值导向作用。仪式场景彰显了中国共产党人的价值观念和意识形态，凝聚了社会成员认同的精神信念和主流价值观，它具有极强的价值引领功能，其目标倾向是让社会群体在多元价值观中坚定正确的价值观念，形成与社会主流思想相一致、相契合的价值观念。其中，仪式场景最直接的目的就是宣扬社会中的主流意识形态，提高人们的思想理论素养，强化社会成员价值认同、政治认同、情感认同，从而更好地指导自己的实践行动。仪式活动本身就对个体和群体之间的社会情感和价值观具有引领的功能，对社会主义核心价值的培育起着教化和导航的功能。那么，依托仪式活动本身创设的场景同样具有价值导向功能。例如，通过表彰、颁奖等仪式活动情境下的感染和熏陶，引导社会群体自觉向杰出代表和榜样模范人物树立的"价值标杆"看齐，以此强化价值认同，增强集体荣誉感和对国家社会的自豪感。开展仪式教育活动创设的情景使社会群体在观看或参与仪式的过程中激发出与仪式场景所强调的思想价值理念的认同，从而自觉地以杰出人物为榜样进行自我激励，达到约束个人言行将价值观内化于心的目的。

第二，仪式场景担负着重要的行为规范功能。仪式活动作为一种社会实践活动，本身就是思想政治教育实现育人目的的重要载体，承载着规范社会群体行为的功能和任务，因而，借助仪式活动构建的仪式场景也随之呈现出规范社会群体的功能。仪式场景理论从行为规范角度出发，肩负着教化人民的任务，能够指导社会群体的行为实践，对其行为活动起着导向的作用。通过创设场景培育受教育者的优秀品格和健康向上的心理品质，可引导社会成员形成正确的人生观念，以此指导其进行正确的行为实践。例如，充分利用学校教育开展各类型的仪式活动构建仪式下的情境，搭建仪式与实践育人活动有效衔接的场景，使其承担行为规范功能。通过增强仪式活动的互动体验，有效提升仪式场景的育人功能和强化教育的效果。在对青年大学生的教育和引导中，仪式场景的行为规范功能尤为明显。例如，青年学生能够在"入党仪式"体验中坚定对马克思主义的信仰、激发国家认同感、增强政治归属感，在今后实际生活中更好地加强自身行为规范的信心。青年学生在参加党史学习教育相关的仪式活动中能够感悟中国共产党波澜壮阔的历史进程，强化民族意识和集体观念，进而投身于与爱国主义情怀相一致的行为实践活动中。仪式场景的科学创设提高了青年群体对仪式活动的参与度，以此提高对受教育者价值观的培养，提高思想理论素养和综合素质水平，从而积极投身于与仪式场景宣扬的主题相一致的社会实践活动中，在实际行为中锻造品格和贡献力量，选择与仪式场景彰显的内容指向性相一致的行为活动，实现场景行为规范的教育目的和功能。

### (二) 情感激发与政治认同

第一，仪式场景承担情感激发功能。仪式活动载体和思想政治教育存在共通性，而思想政治教育本身就起着对社会成员的思想情感施加影响的功能，因此，构建生动有效的仪式场景同样肩负此功能。仪式场景是在特定的时间和场域背景下输出和强化一定的情感观念，肩负着凝聚社会共识和激发群体情感，强化其信念的功能。仪式场景的情感激发功能在各类型的场景教育中体现得都很显著，例如，激发广大党员干部树立和人民群众相结合的情感立场，激发以人民为中心和为人民服务的情感理念，激发传承红色基因的使命感；激励广大人民群众的情感认同和在新时代奋勇前进的信心，激发团结精神和奉献之情，凝聚集体和民族的精神力量，增强建设伟大祖国的信心。在线观看"国庆阅兵仪式"，在"情景交融"的场景中使思想政治教育场景打破空间和环境场地的限制，使观众身临其境般感受壮观震撼的现场画面和隆重的典礼氛围，在这样的情景中强化情感共识和对国家的自豪感；通过在线观看"感动中国人物年度颁奖"等仪式活动，在教育场景中感受爱和温暖的力量，激发广大人民群众以锐意进取之心报效祖国之情感；同样，广大青年学生可以在学校仪式场景中砥砺品格，激发昂扬向上、自强不息的民族精神和积极参与社会实践活动的主动性和创造性，增强志气骨气；在政治仪式场景庄严且神圣的环境氛围中汲取精神力量，激发为实现中华民族伟大复兴中国梦而努力奋斗的信心和决心。社会群体可在各类仪式场景中丰富其活动体验，凝聚其思想共识，从而形成深厚的"集体情感"。

第二，仪式场景承担政治认同功能。仪式活动不仅丰富了教育的形式和内容，同时能依托仪式实践活动生成崭新丰富的仪式场景。依托弘扬主旋律和传播社会积极正能量的仪式场景承载了强化政治认同的功能。仪式场景表达了正确的政治立场、观点，强化了对主流思想的认同和理解，具有鲜明政治价值观念的仪式场景体现了党和国家的政策方针，有助于增强社会公民的文化认同和政治认同。在开展日常思想政治教育仪式活动所创设的场景中能够凝聚思想基础，进而增强对国家历史和政党的认同感，政治仪式场景加强了个体与集体政治情感的联结，有助于公民坚定正确的政治立场和崇高的理想信念，从而使社会群体在教育氛围和场景化育人环境中潜移默化地强化政治信念和确立政治信仰，深入理解和认同国家的政策和制度。因政治仪式活动创设的场景能够促使社会公民在情景体验中直观感受国家和政党的政治观念，通过仪式活动和场景体验能进一步领会国家政治发展要求。仪式场景能够充分激发社会群体的政治情感，提高公民对政治事件的参与度，因而仪式场景承担着促使社会公民坚定正确的政治理想和强化政治认同的功能。因政治仪式活动催生出的政治仪式场景能够引导公民坚定正确的政治信仰，这种政治态度和政治观念的共识能够促使思想政治教育对象强化政治认同和凝聚政治共识。综上，思想政治教育仪式场景具有政治认同的功能。

### （三）人才培养与文化传承

第一，仪式场景承担人才培养的功能。仪式活动作为思想政治教育的一种活动载体具有输出和传达一定价值理念、道德规范、政治观点的作用，因而借助仪式活动创设的场景也具备引导教育和人才培养的功能。通过积极参与有教育意义的仪式活动，参与者能够受到仪式活动情景传达的文化素养、道德规范、思想品德的正面积极影响，进而从情感上激发公民对社会和国家的认同感和责任感，引导其树立远大理想信念和促进自我教育的实现，坚定做习近平新时代中国特色社会主义事业的建设者的信心和凝聚起实现中华民族伟大复兴中国梦的信念，实现仪式场景人才培养的功能。因仪式活动生成的仪式场景能够培育社会公民的责任感，促使其实现自我教育和全面发展，具有教育意义的仪式活动所构建的仪式场景有利于造就高素质人才队伍，彰显人才培养的功能。大学生是中国特色社会主义事业的建设者，同时也是思想政治教育的主要对象，仪式场景理念要贯穿和运用到高校思想政治教育工作中，高校教育要多开展培育青年大学生社会责任感的仪式教育活动，以场景化教育推进思想政治教育发展并充分发挥仪式场景的培育功能，通过仪式活动教育创设情境引导青年学生知行合一，实现仪式育人和人才培养功能。

第二，仪式场景承担文化传承的功能。中华民族具有悠久的文化发展史，其孕育的中华优秀传统文化是中华民族宝贵的精神财富，而仪式场景所涵盖的礼仪文化作为宝贵的民族精神财富同样是中国传统文化的一个重要组成部分。中国古代的礼仪文化源远流长兼具悠久厚重的历史意蕴，就传承中华优秀传统文化而言，仪式活动体现和输出了特定的历史文化内涵，为思想政治教育提供了丰富和生动化的教育素材。因而基于对受教育者的思想理念、文化道德、价值观等施加影响的仪式教育活动所构建的思想政治教育场景同样兼具文化传承功能。沿袭中华优秀礼仪文化生成的仪式场景恰好融合了丰富的文化资源，肩负着推动文化强国建设和为实现中华民族伟大复兴注入强大文化力量的使命。在仪式场景中的教育对象在仪式活动的引导下受到国家历史文化的熏陶，对凝聚集体情感、传承中华优秀传统文化和坚定文化自信、培育家国情怀具有重要意义。基于仪式场景文化功能的视角，将文化要素与仪式场景融合运用并切实发挥其文化传承功能，一方面对培育受教育者的思想道德素质和文化素养具有积极引导作用，能够引起群体对文化情感的共振及激发情感共鸣，增强对群体的归属感，使群体在仪式活动中感知文化熏陶和国家文化的力量；另一方面，仪式场景彰显的中华优秀文化是社会发展的精神动力，在仪式场景中加强社会公民的文化教育和提高文化理论知识普及程度，将文化融入具有教育意义的仪式场景中并有效发挥仪式场景的文化传承功能，对坚定文化自信和弘扬中华优秀传统文化具有重要作用。中华民族传统节日创建的特定仪式场景承载着厚重的历史文化底蕴，能够强化场景的文化价值观表达，社会群体在参与此类仪式活动过程中能够感悟中华文化和学习文化知识。例如，高校在"烈士纪念日""清明节"举行祭扫仪式等体现中华优秀传统文化的仪式活动情境中能够使学生以此缅怀革命先辈和表达敬仰之情，进而激发仪式场景引导群体弘扬和传承革命文化。因而，创建具有教育意义的民族性文化性的仪式场景能进一步提高青年学生的活动参与感，在此情此景中感悟中华文化的博大精深。

## 第三节　思想政治教育仪式场景的运用

在特定仪式场景下，围绕立德树人目标进行思想政治教育能否使作用对象达到预期教育效果需要在具体实践中进行检验。随着互联网等前沿技术的发展，思想政治教育仪式场景的运用逐渐成为当前形势下思想政治教育创新的重要课题。聚焦思想政治教育仪式场景有效运用有利于夯实思想政治教育仪式场景理论研究的基础。探究思想政治教育仪式场景化运用需要遵循的原则和仪式场景的运用路径，有助于为有效开展仪式场景研究提供理论支撑和提升思想政治教育仪式场景的影响力，因而实现思想政治教育仪式场景的有效运用对提升思想政治教育的实效性有一定的参考意义。

思想政治教育仪式场景运用需要遵循一定的原则：

第一，坚持以马克思主义理论为指导的原则。教育事业要以坚持党的领导和坚持正确的舆论导向为原则，中国共产党在其成长过程中始终坚持马克思主义指导地位并且高度重视仪式思想政治教育工作，因此，在中国共产党领导下推进思想政治教育仪式场景理论的发展和建设离不开党的理论滋养。同样，仪式场景的运用也离不开马克思主义理论指导，坚持以马克思主义理论为指导为开展仪式场景化教育明确了方向，为思想政治教育仪式场景的创设和运用指明了方向。仪式场景突出强调社会实践活动所表达的观念、意识和精神理念，而马克思主义理论为这种思想意识、观念和思想政治教育仪式场景理论的发展提供了坚实的理论支撑，坚持以马克思主义理论为指导的原则对仪式场景理论创建具有鲜明的指导作用，因而，仪式场景理论建设应坚持以马克思主义理论为指导，坚持主流价值观在仪式场景教育中的主导权原则，基于群体情感需求设计与马克思主义指导原则相契合的仪式活动，在仪式场景构建中充分发挥党组织的引领作用，坚定马克思主义的立场、观点和原则，用马克思主义理论为仪式场景理论注入强大动力支撑。同时，仪式场景运用要坚持辩证唯物主义的基本观点和方法，使仪式场景的运用有效服务于思想政治教育领域。

　　第二，坚持与思想政治教育目标相契合的原则。思想政治教育仪式场景理论与思想政治教育目标相一致，并且与党的教育思想一脉相承，因而思想政治教育仪式场景运用要与育人目标相契合，仪式场景运用要坚持"立德树人"根本任务，以培养具有家国情怀的时代新人为目标。同时，在思想政治教育仪式场景创设体验中教育者要以受教育者的情感共鸣为出发点，尤其在学校仪式场景创设中要考虑到大学生的身心发展规律，借助贴近生活以及具有教育和引导意义的仪式活动构建场景平台，并以党的奋斗目标为根本遵循。明晰仪式场景的目标任务是创设仪式场景的前提条件，因而搭建场景时要考虑营造出符合思想政治教育主体目标需求的仪式场景，使思想政治教育对象能够在仪式场景中深刻理解仪式主题，从而使思想政治教育者最大化地提高教育成效。仪式场景运用要将立德树人根本任务作为目标导向贯穿于思想政治教育仪式活动全过程。尤其在学校教育中各高校要把培养新时代中国特色社会主义事业的建设者和接班人作为仪式场景创设的出发点，立足和聚焦育人目标理念，把强化育人目标作为仪式场景创设的关键要素。仪式场景表达上要以围绕"培养什么人、怎样培养人、为谁培养人"来作为核心主题，重视仪式教育的内容和育人为本的原则，避免仪式活动的形式主义倾向，要以突出和强调思想政治教育目标为原则。在构建仪式场景过程中要彰显符合社会主义核心价值观等特色鲜明的育人理念，促进全面发展。在场景的有效运用中尊重思想政治教育规律，坚持显性育人和隐性育人相统一的原则，有计划、有目的、有流程地围绕仪式场景彰显的立德树人目标进行设定和运用。

第三，坚持尊重主体的原则。教育对象不是完全被动的客体，而是有感情有思想的人，因而在其参与思想政治教育仪式场景时要充分尊重其主体地位，符合思想政治教育发展的需要和受教育者的情感需要。主体的需求也是仪式场景运用需要关注的问题，如何满足主体的需求是思想政治教育视域下仪式场景需要解决和考虑的问题。坚持尊重主体的原则就要考虑人的要素，包括人的精神追求和情感诉求，注重在场景运用的环境氛围中充分引导和帮助被教育者树立正确的人生观，实现自我人格的健全和完善以此达到满足其身心发展的需求。一方面，在进行场景运用时要尊重主体的感受和情感体验，场景运用要关注教育对象的精神追求、如何实现场景与主体需求相结合的问题。在预设仪式场景时要避免形式内容单调和乏味的仪式活动，多开展形式丰富多样化的仪式活动，便于充分调动主体参与的积极性和主动性。在仪式场景预设前的仪式活动规划时要对教育对象进行充分调研和了解，便于激发教育对象的主观能动性，从而积极主动地参与到仪式教育活动中。促进教育者与受教育者之间的沟通，对教育对象的思想意识与观念进行调查和分析，以便在仪式教育场景运行时及时调整改进措施。只有充分尊重主体的感受和地位才能有效发挥仪式场景的各项功能。另一方面，基于主体视角出发的仪式场景运行要素应更有"生命力"，把突出主体地位的仪式场景渗透到校园环境、社会实践和日常生活中，充分挖掘仪式场景的资源，促进主体对思想政治教育仪式场景价值内涵的充分理解。在场景搭建时避免"说教式"和"灌输式"的仪式活动，要拓宽仪式场景实践空间，让仪式场景更有"实用性""规范性"和"针对性"，弱化仪式场景的强制灌输思维。例如，学校仪式场景运行环境要围绕学生认知和充分尊重主体日常生活的情感需求进行要素优化，使教育对象自愿接受教育信息和仪式场景，满足教育对象的主体感受。

### （一）社会仪式场景的运用路径

第一，仪式场景运用要切实发挥相关管理部门的作用以提升仪式场景的影响力。一方面，相关管理部门是营造仪式场景的依托和保障。对充分利用政治性节日和重大事件、重要人物纪念日举办主题丰富的社会实践活动所创设的社会仪式场景而言，通常仪式场景的影响力越大，参与仪式活动的社会群体在情感和行为习惯方面越容易受到仪式场景所传递的价值观的影响。因此，只有相关管理部门的组织力切实提升仪式场景的影响力，才能有效运用社会仪式场景，从而促进群体积极参加与仪式场景所符合的价值观相一致的社会实践活动。例如，各地相关管理部门组织和策划具有教育意义的仪式活动，通过举办"抗日战争胜利纪念日""十一国庆纪念日""阅兵仪式""纪念毛泽东同志诞辰周年""清明祭扫烈士墓"等彰显仪式场景鲜明主题特色的仪式活动，让社会成员在参与仪式活动的过程中投入更深厚的仪式情感，从而激发社会成员积极参与社会仪式活动的兴趣，依托政府相关部门发布和宣传相关仪式活动的信息吸引众多社会成员参与来促进社会仪式场景高质量运用。另一方面，国家出台的相关法律、制度文件等为思想政治教育仪式场景的创设和运用提供了坚实的保障。例如，通过认真学习《中华人民共和国国歌法》和《中华人民共和国国徽法》来规范仪式礼仪，促使社会公民在庄严神圣的场景氛围中增强情感认同，通过注重仪式礼仪规范达到提升仪式场景影响力的目的。由此可见，仪式场景的运用要有效借助相关法律制度作为重要推手，依托国家政策和法律保障的场景设计和运用能以此强化社会公民对仪式活动的认同，更好地引导公民积极参与相关仪式活动，提升仪式场景的影响力。例如，认真学习《中华人民共和国国旗法》，在庄严而神圣的升国旗仪式中激发社会公民的爱国情感，让社会公民在升国旗仪式中满怀深情，受到仪式文化的熏陶。同时，充分发挥地方党组织、地方政府等主导力量开展向社会群体传递一定的价值理念的仪式活动，例如，地方政府政策倾斜能够为构建仪式场景提供充足的经济保障和物质条件，借助社会组织的力量为仪式场景提供经费支持和筹集资金。仪式活动只有得到社会组织力量和政府的支持以及各界的广泛关注才能加大传播力度，仪式场景也应借助政府相关部门的力度有效拓展仪式场景的运用路径。

第二，仪式场景运用要充分挖掘民族文化资源、丰富思想政治教育素材。民族文化在创设仪式场景中发挥着不可或缺的作用，构建具有当地风俗文化和民族特色的仪式场景可维系社会公民共同情感和促进文化发展。充分挖掘地方文化资源强化场景表达，开展贴近大众生活和符合地方风俗文化特色的仪式活动更能提高大家的参与度，例如，举办"弘扬苏区精神""民族服饰展示""少数民族文化交流日""傣族泼水节"等仪式活动提升仪式场景的感染力。又如，为少数民族学生搭建具有民族特色的仪式场景，在仪式场景布置和仪式器物等方面优化场景要素。还可以网络直播使不在场的成员深刻感受仪式场景画面及其传达的文化意蕴，感受仪式活动现场浓厚的文化氛围。通过情景熏陶促进社会群体对本民族和国家优秀文化的认同，因而将地方红色文化资源融入仪式场景创设情境中能够使社会群体形成强烈的归属感，从而自觉接受主流价值观的指引。

第三，场景运用要优化场景的参与要素。首先，人的要素。场景的关键设计要素是人，因而仪式场景运行要考虑人员因素。创设场景前，仪式活动相关人员和倡导者要制定契合思想政治教育主题、贴合生活情感需求的仪式活动，最大化地扩大仪式场景的辐射范围。此外，要重视场景布置和活动流程、仪式活动的宣传反馈、评价机制的建立。只有制定出主题突出的仪式活动才更容易被大众接受和提高场景的运用价值。同时，思想政治教育的有序推进还要求思想政治教育者具备较好的思想政治理论素养、知识素养等综合素质以确保顺利推进仪式场景科学运行。其次，物的要素。例如，仪式场景的有序开展要具备充足的经费和物质条件。要保障有充足的资金才能确保仪式场景顺利完成构建，仪式场景的设置要把资金倾斜到和仪式主题密切相关的活动中。仪式场景的各要素之间要最大化地相互整合加以优化，发挥出其作用和价值。

第四，仪式场景运用要注重"仪式符号"的表达。通过合理使用仪式符号可以强化仪式场景的情感表达力。运用"音乐"符号可以构建更具感染力的仪式场景，激发社会成员了解家国文化的兴趣。例如，在举行"升国旗仪式"、重大外交活动、重大体育赛事时奏国歌。运用具有视觉冲击力的"器物"符号可以使庄严神圣的仪式场景激发社会群体对民族的自豪感，促进民族紧密团结；运用"语言"符号可以使仪式场景的表达更规范、更易于被主体接受理解，从而通过规范自身的行为举止提高仪式场景的运用效果。总而言之，合理科学地运用仪式符号创设仪式场景能够促使社会群体于情景之中，将"灯光""服饰""音乐"等元素自然地融入仪式场景，使参与者视觉听觉受到冲击后自动地进行"情感带入"和自发地形成情感认知。运用具有象征意义的符号传达思想观念和道德情感，使深入仪式活动中的社会成员更好地感受仪式场景所传达的历史文化和价值观念，可提高仪式场景运用的实效性。

### （二）学校仪式场景的运用路径

学校是运用思想政治教育仪式场景理论的重要实践场所，是学生成长过程中必不可少的关键场景。通过营造学校仪式场景进行思想政治教育是增强学生思想认同和传承中华优秀传统文化，激发学生家国情怀的重要方式。将仪式场景理论运用到学校思想政治教育中，让学生在参与场景中升华情感，利用彰显校园文化风采的仪式活动构建场景，提高学校教育的针对性，可助推思想政治教育健康发展。

第一，仪式场景运用要注重教育对象的情感诉求和参与度。构建生动活泼的校园仪式场景应增强学生的体验性、参与性，以符合主体情感诉求的教育活动来增强学习的主动性。首先，仪式场景的设定要关注主体需求。例如，在学校仪式场景中要开展青年学生喜闻乐见的仪式活动增加吸引力，在预设场景阶段做好关于活动的宣传和调研并积极采纳学生的建议，以此扩大仪式场景的覆盖力度。在仪式活动后期做好场景的评价反馈工作，通过收集学生参与活动后的情感反馈信息验证仪式场景运用是否有效。只有营造契合思想政治教育目标、与教育对象情感诉求一致的仪式场景才能有效拓宽运用路径，进而提高思想政治教育的针对性。其次，仪式场景要关注主体的体验感。例如，在参观"红军长征展馆"时依托新媒体技术手段提高青年学生的体验感，运用视频、图片等多媒体技术手段感受"爬雪山""过草地"等场景，进行情境创设。在瞻仰革命圣地场景中汲取精神力量，充分发挥主动性，将红色精神内化于心，外化于行。历史与现实生活联动的场景更容易使学生感悟中国共产党红色政权的来之不易，进而激发学生的情感认同。高校可以利用法定节假日、传统节日等时间节点开展仪式活动，充分利用各地教育场所开展仪式活动创新仪式场景教育，例如，利用图书馆举办"传统文化读书日""红色阅读"等仪式活动创设崭新的仪式场景，发挥仪式场景的功能，以学生的情感需求为出发点吸引更多人参与其中并加深对历史文化的感悟。

第二，仪式场景运用要注重积极开展具有教育意义的校园仪式活动。党中央高度重视仪式活动的重要作用，学校仪式活动作为塑造学生价值观的重要实践途径，同时也是创设学校仪式场景的要素之一，因而在学校教育中应将开展仪式教育和仪式活动理念贯穿学校仪式场景全过程。基于思想政治教育仪式场景理论以重要时间节点为契机，学校仪式场景要有效利用开学典礼、升旗仪式、毕业典礼等重大仪式活动实现场景教育，用以强化学生的集体意识和对学校情感的认同。例如，学校可以充分借助五四青年节等重大节日开展主题特色鲜明的仪式活动，营造出能够激发学生情感共鸣的仪式场景氛围，也可以针对场景化教育举办诗歌朗诵、歌舞表演等活动来拓宽仪式场景的运用路径，以此提升思想政治教育仪式场景的感染力和影响力。通过开展党史知识答题竞赛、征文比赛、二十大演讲比赛等形式多样的具有教育意义的仪式活动构建学校仪式场景，培育学生的家国情怀和对民族精神的信仰，厚植爱党、爱国、爱社会主义的情感。例如，学校举办纪念仪式活动、组织学生参观革命英雄纪念馆、瞻仰烈士纪念碑，从而使学生在参观学习中塑造正确价值观和提升社会责任感，把红色基因融入精神血脉，以此传承红色文化和伟大的民族精神。

第三，场景运用要注重与蕴含历史文化特征的建筑空间相结合，优化学校仪式场景运行环境，创建适合校园文化特色的仪式场景，在拓宽仪式活动空间基础上开展多种类型的仪式实践活动。一方面，可以打造系列"校史馆"、党史展馆、爱国英雄人物纪念馆、民族器物展示馆等仪式教育场所。红色教育基地真实地记录了中国共产党的奋斗足迹，通过组织学生参观校史馆，对学校的历史文化进行重新解读，增强学生对校园文化的认同感。在参观教育展馆时收获丰富的情感体验，激发学生的民族自信心和对社会主义核心价值观的认同感。另一方面，可以依托当地的红色文化基地，充分挖掘思想政治教育素材。历史是最好的教科书，通过组织学生走进各类"革命纪念馆"，参观爱国主义教育基地、博物馆、历史遗址等，重温红色教育基地，滋养学生的内心和激发爱国主义情怀，引导学生养成良好的人生品格，坚定为实现中华民族伟大复兴的中国梦而努力奋斗的信心。

### （三）政治仪式场景的运用路径

第一，政治仪式场景的运用要不断加强政治仪式教育管理。政治仪式场景的运用要通过不断加强对重大事件、纪念活动和政治仪式活动等场景构成要素进行管理，切实提升政治仪式场景的影响力。在政治活动和政治事件中要不断加强政治仪式教育管理，完善政治仪式教育形式，引导社会群体提高自身政治素养和觉悟，将个人政治站位与国家和民族命运发展相统一。可通过举办体现一定政治价值和目的的政治仪式活动让受教育者在参与仪式活动过程中形成正确的政治态度，提高政治鉴别力，从而强化公民的政治认同。例如，在"入党宣誓仪式"中，将个人与组织紧密连接，拉近个体与组织之间的距离，在场景中激发个体政治理论素养和政治敏锐力，强化党组织的凝聚力和感召力。这种参与感将为思想政治教育对象带来深刻的政治仪式场景教育体验感，以政治仪式场景体现的政治情感提升其政治主动性，从而坚定政治立场，加深对政治仪式的理解和彰显价值的认知。

第二，政治仪式场景的运用要注重规范仪式礼仪。政治仪式场景因其鲜明的政治导向，它的创设要遵循国家相关制度并不断完善仪式程序才能有效发挥其功能。中国共产党对仪式活动的重视程度为仪式场景提供了保障，为仪式场景的实现和顺利运行创造了制度前提条件。党和国家开展各种"党内表彰仪式"等纪念意义的仪式活动，中国共产党创设了具有浓厚爱国教育意义的政治语境，制定出符合规定程序的仪式活动，包括仪式场景的主题、内容以及参与仪式活动对象等场景要素的构成均要严格符合仪式教育要求。只有规范的仪式活动创设的情境才能更好地引导社会成员在仪式活动中感悟中华优秀传统文化，深化对国家和民族的政治认同和政治认知。通过营造具有针对性的政治仪式场景引发公民共情，可锤炼公民政治品格、强化政治忠诚和激发担当意识，不断增强对党的理论的政治认同，强化对中国共产党的认识和理解，进而强化政治仪式场景的价值传递和情感表达，提升育人质量。

第三，政治仪式场景的运用要有效利用网络平台的直播和转播功能，优化政治仪式场景的运行要素。借助新媒体技术旨在提高仪式场景的影响力和辐射力，增加普通民众对政治事件的参与感，便于其更好地接受政治仪式场景的政治立场，同时也使场景更"生动化""立体化"。互联网技术促使场景演变为仪式场景注入活力，充分利用技术手段不断推动思想政治教育仪式场景建设。一方面，依托技术手段通过模拟某种情境以期满足教育对象方便快捷地获取信息的需求和实现情感共鸣，这种"虚拟仪式场景"拓宽了仪式场景的空间。另一方面，借助技术手段使仪式场景突破时空限制来提升社会成员参与政治仪式的积极性。例如，充分利用网络平台观看国庆阅兵仪式、宪法宣誓仪式，VR两会增强线上与线下场景的联动和拓宽政治参与的渠道，使思想政治教育对象在潜移默化中提升了政治素养和提高了政治判断力，从而坚定了正确的政治立场和政治原则。要有效构建仪式场景的评价体系和评价机制，给予仪式活动充分的反馈信息。

第四，政治仪式场景的运用需要发挥主体的主观能动性。在仪式场景创设中要引导社会成员树立正确的政治观点和坚定正确的政治立场，尽可能地使其发挥自我教育的主观能动性以积极参与到政治仪式活动中。例如，引导主体在参与政治活动和场景预设时提前了解和学习仪式活动背后蕴含的文化传统和政治价值、理论知识和历史渊源，从而达到对政治仪式活动形成一定基本认知的目的。激发主体自动融入政治仪式活动的主动性，使其在仪式活动中能够积极融入和参与，提高政治活动参与性。主体积极发挥主动性，明确政治仪式场景的内容和政治观点、政治仪式场景的育人导向，从而激发社会公民在政治仪式场景中的角色担当意识和使命感，积极主动地认真领会政治仪式活动的价值底蕴，激发国家民族情结，主动强化政治理念和政治信仰，从而积极向党组织靠拢。积极关注政治仪式场景中的政治焦点问题，通过政治仪式场景联动和政治仪式活动的参与，主动感受国家的政治观念，在政治语境中激发政治情感和凝聚政治认同。

综上，在思想政治教育过程中，只有构建社会仪式场景、学校仪式场景、政治仪式场景相融合的场景，凝聚强大的教育力量，形成协同育人的仪式场景育人合力，通过场景间有机结合运用才能有效提高教育实效性。高度重视仪式场景理论建设和运用，要充分发挥仪式场景的功能，让仪式教育活动常态化运行，有效发挥思想政治教育仪式场景的功能，提高仪式场景育人的实效性，旗帜鲜明地将马克思主义理论贯穿到仪式场景理念中，优化思想政治教育仪式场景运行环境，以此达到"润物无声"的育人效果。

第五章

# 思想政治教育的红色场景

　　红色场景以红色文化资源为依托，作为满足人们在场体验红色文化资源的情景空间，是能动主体、价值取向与教育实践多方协调的统一体。鲜活的红色场景作为中国共产党长期政治实践的产物，是中国共产党领导中国人民在革命、建设和改革实践中形成的，它不仅为实现中华民族伟大复兴的中国梦提供了坚实的精神力量，还为实现思想政治教育红色场景从理论到实践提供了有机衔接。基于此，将思想政治教育的红色场景界定为"被纳入思想政治教育活动中进行开发利用的，以红色场景及其载体为核心的各种要素总和"，深入探究思想政治教育红色场景的内涵、功能和运用，挖掘思想政治教育红色场景所蕴含的德育资源和教育价值，是从理论上提升思想政治教育文化底蕴和拓展思想政治教育理论资源的重要依据，也从实践上为丰富思想政治教育育人手段和方式提供了基本思路，对思想政治教育学学科建设具有重要意义。

## 第一节　思想政治教育红色场景的内涵

　　思想政治教育红色场景的内涵作为学术界比较新兴的理论研究领域，至今并没有学理性和整体性的内涵定义，结合相关理论研究和实践探索，围绕"红色""场景"和"思想政治教育"等学术界理论研究比较成熟的基本范畴的概念对"思想政治教育红色场景的内涵"进行定义。深入探索研究思想政治教育红色场景的内涵，就是教育者根据社会发展的客观实际和现实需求，依据受教育者内在精神世界的发展诉求选择恰当的红色场景，再以受教育者喜闻乐见的理论与实践相结合的方式将红色场景作用于受教育者的内在精神世界，满足受教育者内在精神世界的成长需要。同时，坚定对马克思主义的信仰、对中国特色社会主义的信念、对实现中华民族伟大复兴中国梦的信心，牢固树立与时代主题同心同向的理想信念，坚定不移听党话、跟党走，以坚定理想信念筑牢精神之基。因此，思想政治教育红色场景从属于"大思政"的教育格局，思想政治教育红色场景内涵也是本章研究的学理性支撑。

### （一）"红色"的内涵

从心理色彩的角度来看，"红色"是可见光谱中低频末端的颜色，也是光的三原色和心理四色之一。"红色"象征着吉祥、喜庆，意味着一切美好的事物。"红色"也是中国人色彩认知里亘古不变的主角，是我们中国老百姓最喜爱的颜色，在人们内心中一切与红色相关的事物都是吉祥之兆。追溯起源，"红色"是在我国古代"三礼"中使用最广泛的颜色。早在周朝时，就有"天子大婚，用赤玉，以朱饰其面，以为正色也"之说，大婚之日的人们都会衣着红色"吉服"。到了中国古代盛世的唐朝，"红色"更是得到了人们的广泛喜爱，唐朝婚嫁礼服在唐高宗时期开始形成，并在唐玄宗时期得到了更进一步的发展与完善，在《旧唐书·舆服志》中曾记载："婚礼：男以红色为贵。"同时，女子嫁娶礼服有五种款式："红装""明媒""合卺""凤冠"和"红裙"。女子在打扮妆容时用到的胭脂和水粉也都是以红色为主，这都是"红色"在中国古代深受人们广泛喜爱和重视的集中体现。时至今日，中华儿女对"红色"的那份热爱也依旧长盛不衰,会把红色同轰轰烈烈、激情澎湃、奋勇向前等具有进步性色彩的话语相关联。

从政治色彩的角度来看,"红色"最早可追溯至 13 世纪末,北欧舰船会在战斗中高挂一道象征着"宁死不屈"的红色飘带,起名为 Baucans(红飘带),红飘带成为象征"坚决抵抗"的旗帜。到了 18 世纪法国大革命时期,使用 drapeau rouge(红旗)和 bonnet rouge(红色锥形高帽),象征独立、战争和烈士的鲜血,能够激发人们的爱国意识。1871 年巴黎公社时期,将红旗当作国旗来使用,虽然只存在了两个多月,但这面旗帜也成了一个标志。1923 年苏联扛起的第一面大纛,就是以红色为背景,此时"红色"已经成为共产主义运动的象征。到了 20 世纪初,随着十月革命一声炮响马克思主义传入中国,中国共产党沿用了"红色"并赋予其浓重的政治色彩,代表我国无产阶级的力量,象征着牺牲与革命,也逐步成为中国共产党的独有标志。建立"红色政权",组建"红色革命军",创立"红色革命根据地",并走出一条"红色革命道路,即新民主主义革命道路",取得了一次又一次的伟大胜利。李大钊曾言:"试看将来的环球,必是赤旗的世界。"在中国人眼中,红色并不只是单调的色彩,而是马克思主义信念和共产主义信仰的化身,是中国共产党、中华人民共和国赋予其最鲜亮的底色,在实现中华民族伟大复兴进入"船到中流浪更急、人到半山路更陡"的关键时期,底色始终不变。

因此,"红色"的内涵是基于心理色彩和政治色彩的双重视野下,融入思想政治教育红色场景,并进行更加深入的理论与实践研究探索,以更有针对性地开展思想政治教育工作。

### (二)"红色场景"的内涵

"场景"最早可追溯至戏剧表演,通俗理解就是电影、电视剧和戏剧中的场面，作为场景化运用的原始形式，具体表现为歌曲、舞蹈等剧场舞台为观众营造了"在场"的沉浸体验氛围。对其概念和构成进行进一步的分析可以从两个层面：一方面是基于空间、行为和心理的环境氛围，可以理解为情景作为场景的重要组成部分；另一方面要理解场景的内涵就要研究场景的四大构成要素，即将人们所处的空间与环境、人们此时此刻的状态、人们的日常生活习惯和人们社交的氛围这四大要素作为基于理论基础上的"场景"概念及构成分析。2014 年，科技大神、全球科技领域最知名记者罗伯特·斯考伯和资深技术顾问、《财富》和《道琼斯》等专栏作家谢尔·伊斯雷尔共同著作的《即将到来的场景时代》中抽取场景时代的"五种技术力量"展示了未来 25 年互联网将进入的新时代——场景时代，此理论有助于把握思想政治教育红色场景中的"场景"概念。

　　从直观字面层面而言，"红色"和"场景"组合在一起就构成了如今学术界比较新兴的理论研究领域"红色场景"，它是全面、系统把握思想政治教育红色场景关键研究的核心关键词。因此，在从理论层面确立思想政治教育红色场景的概念之前，已经对"红色""场景"和"红色场景"的内涵进行了深层次的剖析。在建党百年来的发展历程上，党带领中国人民取得的一个又一个伟大胜利的战斗场景深深地印在每一个中国人的脑海中，不断坚定理想信念，增强爱国主义情怀。在炮火连天的革命战争年代，在民族危亡、民不聊生、血雨腥风的残酷现实面前，中国共产党带领中国人民愤然觉醒、浴血奋战、解放思想、勇探新路、矢志不渝寻求救国救民的真理和道路，无数英雄用生命担负起民族独立和人民解放的伟大历史任务，"敢教日月换新天"，把任人宰割、一穷二白的旧中国建设成独立自主、人民翻身做主人、国民经济体系初具规模的社会主义新中国，历史的车轮滚滚向前，但无数仁人志士敢于担当、勇于奉献的使命感的红色场景依然清晰可见，这是从静态层面上对"红色场景"是什么做出的学理性阐释。

从归属形态层面而言,"红色"与"场景"两个具有独立内涵的词组成了"红色场景"一词,厘清"红色场景"的内涵,单一把"红色"与"场景"两个词的内涵叠加是对"红色场景"形而上的理解。可按其形态分为两类:精神形态上的"红色场景",如讲革命事迹红色故事、唱红色歌曲、朗诵红色诗歌等,领悟其蕴含的深层内核;物质形态上的"红色场景",如红色历史事件发生地、红色博物馆、红色建筑都是现实样态中物质样态和场景感知的集中体现。"红色场景"是能动主体、价值文本与教育实践多方共舞的"红色舞台",以丰富多样的形式来记录、弘扬、体现、运用这一历史进程和历史影响的关系介质与环境依托,这是从动态层面上对"红色场景"的意蕴演变做出的学理性探讨。

因此,"红色场景"的内涵基于从直观字面层面和归属形态层面的双重层面对思想政治教育红色场景进行更加深入的理论与实践研究探索,成为思想政治教育红色场景研究的坚实内核。

### (三)"思想政治教育红色场景"的内涵

人物,都是在一定的时间和空间范围内活动;事物,都是在一定的时间和空间范围内发生。在特定的时空范围里,必然有特定的场景。思想政治教育红色场景,即在一定红色文化资源场合下的情景,是人活动的舞台,也是事物发生、发展、变化的舞台。人的活动,既可以改变场景,同时也受着场景的制约和影响;事物的发生、发展、变化,同样离不开一定的场景,并时时构成新的场景。思想政治教育红色场景,与人和事物相伴相随,密不可分。进行思想政治教育,如不交代必要的场景,则不能说明人物活动的意义;进行思想政治教育,如不对特定场景有所交代和陈述,则不能说明事物何以发生,为什么发生。因此,思想政治教育者在对受教育者进行思想政治教育时，既要注意对人物的观察，也要注意对场景的观察。对个体本身来讲，场景即环境。正如马克思在谈到主体—客体关系的辩证法时，正确地阐述了人与环境的关系："环境的改变和人的活动或自我改变的一致，只能被看作并合理地理解为革命的实践。"① 马克思还批判了机械唯物主义把环境和教育割裂开来、对立起来的观点，指出："关于环境和教育起改变作用的唯物主义学说忘记了：环境是由人来改变的，而教育者本人一定是受教育的。"② 同时，思想政治教育红色场景是在思想政治教育这一重要范畴基础上提出来的，是思想政治教育的一种呈现形态，在思想政治教育主体的价值倾向上、教育内容上、开发运用上都具有一定的区别属性，二者在理解层面容易产生混淆，容易将其等同，这根本上在于有没有把握两者之间的区别。从育人价值取向来看，思想政治教育红色场景具有更加明确有针对性的育人倾向，对于个体有更为详细明确的要求体系，从更精准的维度展开，强调"核心特质的精神性"和"作用发挥的主观性"，围绕立德树人的根本任务，聚焦个体的实际需要，最大限度地发挥外部因素的正向效能，设置承载价值文本的景别与情感活动。而红色场景则往往具有宏大的政治诉求，主体价值倾向的针对性更为广泛。从教育内容来看，思想政治教育红色场景经过了"德育价值体系"的甄选，对于个体有在"此情此景"中展开的具体性，基于能够对受教育者产生积极作用的资源，而不是一切泛在的红色场景都可以不经转化地被利用。从融入思想政治教育学科范畴来看，思想政治教育将思想教育、政治教育、道德教育综合为思想政治教育。我国有关法律条文也进行了明确规定：国家在受教育者中进行爱国主义、集体主义、社会主义的教育，进

---

① 马克思恩格斯文集：第 1 卷 ［M］. 北京：人民出版社，2009：805.
② 马克思恩格斯文集：第 1 卷 ［M］. 北京：人民出版社，2009：500.

行理想、道德、纪律、法制、国防和民族团结的教育。将红色场景融入思想政治教育全过程，为开展理想信念教育、培养信念坚定的时代新人，提供了丰富的精神养料，形成了"思想政治教育+"跨领域融合的特色，发挥了协同育人效应。

因此，思想政治教育红色场景对思想政治教育而言不是虚构的抽象存在，而是在生存与发展的进程中依托于红色文化资源生成的一种场景感知的客观实践活动。作为客观的实践活动，它必然同周围的场景发生作用，思想政治教育与红色场景相互影响。在人与红色场景的辩证关系理论视域中，思想政治教育红色场景包含两个层面的含义：一是以思想政治教育为中心，通过思想政治教育活动有意识地开创红色场景；二是以自身的生存与发展为中心，与人的思想政治教育实践具有直接或间接关系的一切依托于红色文化资源的场景。

## 第二节　思想政治教育红色场景的功能

思想政治教育的功能是指思想政治教育内部各要素之间通过相互作用对受教育者发挥的有利作用和功用，体现了思想政治教育满足受教育者需要的有用属性。具体来说，思想政治教育的基本功能包括保证正确的政治方向，培育和践行社会主义核心价值观，增强民族凝聚力和构建精神家园。① 马克思和恩格斯在《马克思恩格斯全集》中指出："人们的观念、观点、概念，简短些说，人们的意识，是随着人们的生活条件、人们的社会关系和人们的社会存在的改变而改变的。"② 基于此，

---

① 郑永廷. 思想政治教育学原理 [M]. 2 版. 北京：高等教育出版社，2018：173.
② 马克思恩格斯全集：第 4 卷 [M]. 北京：人民出版社，1958：512.

科学利用思想政治教育与红色场景有机结合的功能，发挥坚定理想信念、厚植爱国情怀、提高自身修养的思想政治教育红色场景功能能够助推新时代育人使命的顺利实现。

### （一）理性升华：思想政治教育红色场景的坚定理想信念作用

人民有信仰，国家有力量，民族有希望。信仰信念指引人生方向，引领道德追求。一个国家、一个民族要同心同德迈向前进，必须有共同的理想信念作为支撑。党的二十大报告指出："广大青年要坚定不移听党话、跟党走，怀抱梦想又脚踏实地，敢想敢为又善作善成，立志做有理想、敢担当、能吃苦、肯奋斗的新时代好青年，让青春在全面建设社会主义现代化国家的火热实践中绽放绚丽之花。"[①] 在进行思想政治教育的过程中，红色场景承载着从 1921 年建党百年来的奋斗历史，书写着从开天辟地到共同富裕的百年史诗，让我们从红色场景中领悟到党的灵魂、看到当年党的信念，看到现实，甚至看到未来。思想政治教育红色场景发挥着坚定理想信念的作用，但坚定理想信念不是没有根基的空中楼阁，而是建立在深厚的理论基础上，只有理论上清醒，政治上才能坚定，锤炼政治品格、强化政治忠诚，始终在政治立场、政治方向、政治原则上同党中央保持高度一致，团结成"一块坚硬的钢铁"，在这个过程中思想政治教育红色场景发挥着至关重要的信念教育作用。

第一，立足基本国情教育。早在民主革命时期，毛泽东就指出："认清中国的国情，乃是认清一切革命问题的基本的根据。"[②] 马克思主义的普遍真理与本国的具体实际相结合，这句话本身就是普遍真理。它包含两方面，一方面叫普遍真理，另一方面叫结合本国实际。我们丢开

---

① 高举中国特色社会主义伟大旗帜 为全面建设社会主义现代化国家而团结奋斗：在中国共产党第二十次全国代表大会上的报告 [M]. 北京：人民出版社，2022：77.
② 毛泽东选集：第 1 卷 [M]. 北京：人民出版社，1991：633.

任何一面都不行。从 1949 年中华人民共和国成立到 1978 年党的十一届三中全会召开,是我国社会主义革命和建设时期,也就是在这一时期,在中国共产党的领导下,实现了从新民主主义向社会主义的过渡,对我国社会主义所处的历史阶段进行了科学的分析,提出了我国正处于并将长期处于社会主义初级阶段的科学论断,准确把握了我国的基本国情。1992 年邓小平同志视察南方谈话中指出:"我们搞社会主义才几十年,还处在初级阶段。巩固和发展社会主义制度,还需要一个很长的历史阶段,需要我们几代人、十几代人,甚至几十代人坚持不懈地努力奋斗,决不能掉以轻心。"① 社会主义建设道路的艰辛探索,兴起于暗夜的星星之火,绽出万丈霞光。劈开混沌的一叶红船,驶向光明未来。经历了从无到有、由弱到强的历史跨越。我们在奋斗的过程中,创造了许多值得铭记的"第一"。第一代歼击机——歼-5、第一部国产电子计算机、第一颗原子弹爆炸成功、第一颗人造卫星——东方红一号、第一艘核潜艇——长征一号、第一个大科学装置——北京正负电子对撞机,这一个个红色场景记录编织了一幅当代中国人奋勇向前的美丽画卷,是新中国砥砺前行的奋斗历程,是见证新中国成立以来结合本国国情开拓创新的精神力量。要通过思想政治教育红色场景牢牢把握新中国成立以来政治建设的主题、主线、主流,从新中国史中的重大事件、重要人物、重要会议中构建的新学科体系、学术体系、话语体系中发挥基本国情教育育人的功能,更好地引导受教育者知史爱国、知史爱党。要通过思想政治教育红色场景深入理解社会主义初级阶段的科学含义,认清我国社会主义初级阶段的长期性,认识把握社会主义初级阶段的主要矛盾,发挥通过红色场景进行基本国情教育的育人功能。

第二,强化党的理论创新武装。百年征程,我们党的先进政治属

---

① 邓小平文选:第 3 卷 [M]. 北京:人民出版社,1993:379.

性、高尚政治追求、崇高政治理想、纯洁政治品质汇聚成新时代新征程的强大精神力量，坚持不懈用党的创新理论凝心铸魂，从学思践悟中不断巩固全党全国各民族人民团结奋斗的共同思想基础，这是中国共产党和中国人民的宝贵精神财富，对于加强和改进党的建设、建设和发展中国特色社会主义具有重大指导意义，也是当前思想政治教育的重要内容。我国的改革开放是人类历史上的伟大壮举，1978年以来我们解放思想、实事求是，大胆地试、勇敢地改，干出了一片新天地，经历了人类历史上最为宏大而独特的理论创新。回顾40多年的改革开放史，党的创新理论为新时代全面深化改革提供了根本遵循和科学指南，从司法改革、国防和军队体制改革，到异地高考破冰、二孩政策出台，从简政放权、减税降费，到自贸区试点铺开、共建"一带一路"，有条不紊搭起改革的四梁八柱，蹄疾步稳推出1600多项改革方案，一幅新时代改革开放的精彩画卷正徐徐展开。在此基础上，研究深化大历史观要坚持融合性原则，思想政治教育红色场景发挥党的创新理论教育的重要作用，既有时间上的贯通，又有空间上的融会。时间的贯通，就是在中国共产党史、新中国史、改革开放史、社会主义发展史的整体结构框架下来考察与认识；空间的融会就是放在百年未有之大变局的国际形势以及世界经济、科技、军事的高速发展与变革的背景下进行考察。只有在贯通的原则下，才能深刻认清改革开放史的格局与方位。通过思想政治教育红色场景帮助受教育者深入理解党的创新理论，把握其精神实质，把亿万人民群众的思想和行动统一到党的路线方针政策上来，把智慧和力量凝聚到建设中国特色社会主义的伟大事业上来，宏伟蓝图必将变成美好的现实。

第三，牢固树立共产主义远大理想和实现中华民族伟大复兴的共同理想。邓小平同志指出："马克思主义的另一个名词就是共产主义。我们多年奋斗就是为了共产主义，我们的信念理想就是要搞共产主义。在我们最困难的时期，共产主义的理想是我们的精神支柱，多少人牺牲就是为了实现这个理想。"① 习近平总书记深刻指出："坚定理想信念，坚守共产党人精神追求，始终是共产党人安身立命的根本。对马克思主义的信仰，对社会主义和共产主义的信念，是共产党人的政治灵魂，是共产党人经受住任何考验的精神支柱。形象地说，理想信念就是共产党人精神上的'钙'，没有理想信念，理想信念不坚定，精神上就会'缺钙'，就会得'软骨病'。"② 共产主义远大理想和中国特色社会主义共同理想，是中国共产党人的精神支柱和政治灵魂，也是保持党的团结统一的思想基础，无数先辈筚路蓝缕、披荆斩棘，进行了艰苦卓绝的奋斗，取得了正义的胜利、和平的胜利、人民的胜利，一次又一次的伟大胜利永远铭刻在人类和平、发展、进步的史册上，这也是中国人民屹立于世界东方的宣言书。进入新时代，全体人民更要心往一处想、劲往一处使，同舟共济、众志成城，敢于斗争、善于斗争，靠坚定的远大理想和共同理想把人民团结起来，为人民自己的利益而奋斗。没有这样的理想就没有凝聚力。没有这样的信念，就没有一切。要通过思想政治教育红色场景牢固树立共产主义远大理想和实现中华民族伟大复兴的共同理想，推进马克思主义中国化时代化，不断谱写新时代中国特色社会主义新篇章，奋力实现中华民族伟大复兴的中国梦，始终坚信共产主义理想终将变成现实。

### （二）情感激发：思想政治教育红色场景的厚植爱国情怀作用

爱国情怀是中华民族的民族心、民族魂，是中华民族最重要的精神财富，是中国人民和中华民族维护民族独立和民族尊严的强大精神动

---

① 邓小平文选：第 3 卷 [M]. 北京：人民出版社，1993：137.
② 习近平谈治国理政：第 1 卷. [M]. 北京：外文出版社，2014：15.

力。落实好立德树人的根本任务，回答好培养什么人、怎样培养人、为谁培养人的根本问题，必须把革命英雄主义精神教育和爱国主义精神教育作为必修课和核心课题，结合思想政治教育红色场景引导受教育者感知到今天的幸福生活来之不易，是无数革命先烈用鲜血换来的。在新的时代下，作为担当民族复兴大任的主力军，要把自身的理想同祖国的前途、把自己的命运同民族的命运紧密联系在一起，树立和坚定正确的国家观、历史观、民族观、文化观和英雄观，增强爱国意识和爱国情感，厚植爱国情怀，增强民族自豪感和自信心，让爱国情怀在接受思想政治教育的过程中全面贯穿教育工作的全过程，在内化中转化为精神动力，激发行为潜能，促进思想政治教育不断迈上新的台阶。

第一，大力弘扬革命英雄主义精神。中华民族是一个英雄人物灿若星辰的优秀民族，"天地英雄气，千秋尚凛然。一个有希望的民族不能没有英雄，一个有前途的国家不能没有先锋。包括抗战英雄在内的一切民族英雄，都是中华民族的脊梁"[1]。在革命战争中，可歌可泣的英雄事迹不胜枚举，他们以气吞山河、勇往直前的革命英雄主义，冒着敌人的枪林弹雨，以勇于战斗、无坚不摧、势不可当、所向无敌的英雄气概杀出一条血路，彻底征服一切艰难险阻，取得一个又一个胜利，这源于他们身上有着不怕牺牲、敢于胜利、一往无前的英雄气概。从发出"敌人只能砍下我们的头颅，决不能动摇我们的信仰"铮铮誓言的方志敏，到发出"坚持革命继吾志，誓将真理传人寰"豪迈誓言的夏明翰，从杨靖宇等抗日将领，到八路军"狼牙山五壮士"等30多万名英雄功臣和近6000个功臣集体的革命先烈、英雄人物等用革命的鲜血和宝贵的生命为中华民族走向一次又一次的伟大胜利谱写了可歌可泣的光辉史

---

[1] 习近平在纪念中国人民抗日战争暨世界反法西斯战争胜利70周年系列活动上的讲话 [M]. 北京：人民出版社，2015：19.

诗，领导中国革命从低潮走向高潮，实现历史性转折。也正是在革命英雄主义的崇高理想信念感召下，大批有志之士奔赴延安等革命根据地，很多热血青年"打断骨头连着筋，扒了皮肉还有心，只要还有一口气，爬也爬到延安城"，生动反映了理想信念巨大的向心力与推动力。通过思想政治教育红色场景中人物事迹、场景重现所传递的强大精神力量传承和弘扬革命英雄主义精神，自觉做共产主义远大理想和中国特色社会主义共同理想的坚定信仰者和忠实践行者，必须从红色基因中汲取强大信仰力量，筑牢信仰之基、补足精神之钙、把稳思想之舵，这种不拔之志的意志品质和百折不挠的顽强斗志成为百年来党的时代缩影，不仅引领中国共产党人屡战屡胜，也激励了一代又一代的中国人民。

第二，让爱国主义精神代代相传。爱国主义是立身之本、成才之基，像孙中山先生说的那样，做人最大的事情就是要知道怎么样爱国。以爱国主义为核心的民族精神，是中华民族生生不息的血脉基因。习近平总书记在全国教育大会上引述"爱国三问"，体现了对爱国主义教育的高度重视。思想政治教育红色场景中所蕴含的爱国主义精神，是中华民族精神的核心。在红色场景的挖掘和整理上，要聚焦中国共产党党史、新中国史、改革开放史、社会主义发展史上的重大事件、重要节点、重要会议、重要人物、重要场所等，推出具有标志性、代表性的系列主题。如辽宁省立足红色资源优势，提出辽宁是抗日战争起始地、解放战争转折地、新中国国歌素材地、抗美援朝出征地、共和国工业奠基地、雷锋精神发祥地"六地"红色旅游地标，依托"六地"所涉及的沈阳市"九·一八"历史博物馆、本溪市东北抗日义勇军纪念馆、沈阳市中国工业博物馆、抚顺市雷锋纪念馆等优质红色场景资源，大力构建了一批标志性红色旅游景区、特色街区、主题线路等，推动红色场景活起来、亮起来、热起来，为爱国主义教育提供了有力支撑。又如，爱国主义教育基地曲焕章白药文化纪念馆，曲焕章是"白药"的创始人。

七七事变后，云南第 60、58 军北上抗日，曲焕章出于爱国之心，捐献了三万瓶百宝丹给两军全体官兵。同年，国民党中央政府派人将曲焕章接往重庆，要挟他交出白药秘方，曲焕章严词拒绝后被软禁，其后因抑郁成疾而死，终年 58 岁。1956 年 2 月，曲焕章遗孀缪兰英把白药秘方献给了新中国，由昆明制药厂生产，并更名为"云南白药"。为保存遗迹，缅怀历史，进一步弘扬曲焕章的爱国主义精神，云南省玉溪市江川区修建了曲焕章白药文化纪念馆，供人们参观学习。通过思想政治教育红色场景让爱国主义精神代代相传，不断激发各族人民的爱国热情，增强民族自豪感和自信心，凝聚实现国家富强、民族振兴、人民幸福目标的强大力量，具有重大意义。

### （三）氛围营造：思想政治教育红色场景的提高自身修养作用

"吾日三省吾身"是《论语》中曾子所说的话。在加强自身修养上要有"响鼓不用重槌"的自觉性，明大德、守公德、严私德，不断提高自身道德修养。无产阶级革命导师，不论是马克思、恩格斯，还是列宁、斯大林、毛泽东，都曾不止一次使用过修养这个词，而且多次强调提高政治修养、思想意识修养的重要性和必要性。从中国共产党成立到现在，无数革命先烈和革命老前辈，对于"修养"在造就革命者的共产主义思想意识和道德品质上的重要作用，是有着深刻体会的。在思想政治教育红色场景的营造下，可通过场景感知提高自身修养。

第一，内化：强化自我约束。《后汉书·杨震传》中记载，杨震到山东赴任，途经巨野昌邑时，以前曾得到过杨震推荐的县令王密深夜怀金相赠，认为"暮夜无知者"，杨震说："天知，地知，我知，你知。何谓无知！"由此，杨震"四知却金"，成为慎独的典范。自我修养重在慎独。"自修之道，莫难于养心；养心之难，又在慎独。"慎独，作为一种根植于内心的修养、一种无须提醒的自觉，是我国古代先贤倡导的一种自我修养方法。慎独，是强化自我约束的重要体现，是中国传统中对"君子"的修养要求。慎独就是独自一个人时仍能严格要求和保持自我，始终做到表里如一。晚清名臣曾国藩素以注重家教闻名，留下了许多佳话。临终时他给子孙留下四条遗训，首要就是"慎独则心安。自修之道，莫难于养心；养心之难，又在慎独"。意思是，如果能做到慎独，则内心坦荡，心中无愧疚之事，人也就可以泰然处之。要提醒受教育者严格自律，强化自我约束，在自我反思、自我教育、自我监督、自我约束的过程中合理合法地严格规范自己的行为，时刻自重自省自警自励。只有始终心存敬畏，做到"心中有责、心中有戒"，才能不断增强政治定力、纪律定力、道德定力，在防微杜渐上不舍尺寸之功，以推进优良作风做出表率。要通过思想政治教育红色场景强化自我约束，时常修葺自己的思想园地，时常"修剪"欲望枝丫，从小节、小事、"小意思"严起，始终做到严以修身、严以用权、严以律己，不放纵、不越轨、不逾矩，以绳锯木断、水滴石穿的毅力把自律贯穿到学习、工作和生活的全过程。

第二，外化：提升法律素养。《韩非子·有度》中说："国无常强，无常弱。奉法者强则国强，奉法者弱则国弱。"管用而有效的法律，既不是铭刻在大理石上，也不是铭刻在铜表上，而是铭刻在公民的内心里。法律的权威源自人民的内心拥护和真诚信仰。人民权益要靠法律保障，法律权威要靠人民维护，法治实践是生动的"普法课"在法治实践中持续提升公民法治素养，以习近平法治思想为指导，不断提升公民法治素养，才能为建设法治中国提供长久坚实的思想基础和群众基础。一是普及法律知识。"宪法是国家的根本大法，是治国安邦的总章程。"如组织法律服务专项活动，通过普法教育、专题授课、法律咨询等举措，让人们在鲜活事例中感悟宪法精神，增强尊法学法守法用法意识。充分利用网络平台、电子显示屏和橱窗灯箱等宣传法律知识，积极营造

"人人尊法、人人学法、人人用法"的浓厚氛围场景。二是强化法治信仰。了解法律在中国的发展历程中具有代表性的典范《董必武的法治人生》。如董必武是中国共产党百年历史中的重要人物，是中国共产党的重要创建者和早期领导者，是卓越的无产阶级革命家、马克思主义的政治家、法学家，还是中国共产党早期主要领导人中唯一受过高等法律教育并从事律师职业的人，一位秉公义于心的职业法律人。他提出的加强人民民主法制、依法办事的人民司法理念和建立厉行法治的人民政权的思想，是新中国民主法治建设进程中宝贵的精神财富。要通过思想政治教育红色场景来回顾中国共产党领导法治建设的进程，汲取历史营养，赓续红色精神，更加坚定中国特色社会主义法治信仰。

总而言之，思想政治教育红色场景的功能围绕着三个维度，从理性升华上、从情感激发上以及从氛围营造上对思想政治受教育者和社会生活发挥积极有利的作用和影响进行深入研究，三者有机统一，推广思想政治教育理论和实践成果，在持之以恒、绵绵用力中不断促进思想政治教育的可持续发展。

## 第三节　思想政治教育红色场景的运用

思想政治教育红色场景构成了思想政治教育运行的特定场景，不仅直接在主体和内容方面运用于思想政治教育，也参与思想政治教育运行的全过程，以保证思想政治教育的持续有序运行。其以海量的信息资源包括具有中国特色、区域特色、文化特色并区别于其他思想政治教育场景的载体，承载爱国主义传统和中华优秀文化传统的爱国主义教育基地、红色资源场景的载体，承载社会主义核心价值观的文化资源和生活资源场景的载体，直接参与到思想政治教育的各个环节运行之中，多种红色场景载体合理组合、协同作用、互相补充，以使思想政治教育与时俱进，取得更好的成效。

### （一）挖掘、运用好红色中国故事

2020 年 9 月，习近平总书记在湖南考察调研时参观了"半条被子的温暖"专题陈列馆，强调要用好这样的红色资源，讲好红色故事，搞好红色教育，让红色基因代代相传。2021 年第 10 期《求是》杂志发表了习近平总书记的重要文章《用好红色资源，传承好红色基因，把红色江山世世代代传下去》。通过把红色场景作为坚定理想信念、加强党性修养的生动教材，讲好党的故事、革命的故事、根据地的故事、英雄和烈士的故事，加强革命传统教育、爱国主义教育、青少年思想道德教育，把红色基因传承好，确保红色江山永不变色。用心用情讲好红色故事，赓续红色血脉。苏东坡曾经有一句名言：药虽然是医生开的，但是药方是古人留下来的。中国有五千年的文明史，有深厚的人文价值基础，如几千年中华文明孕育出的民本、仁爱、忠信、笃行等，中国共产党成立以来成功地将马克思主义基本原理与中国实践相结合，成功地重建了"实事求是"等基本价值。这表明，中国今天的文化不可能否定几千年的中华文明。党的二十大报告提出，"弘扬以伟大建党精神为源头的中国共产党人精神谱系，用好红色资源，深入开展社会主义核心价值观宣传教育，深化爱国主义、集体主义、社会主义教育，着力培养担当民族复兴大任的时代新人"①。党的十八大以来，习近平总书记高度重视红色资源保护、管理和利用，反复强调用好红色资源、传承好红色基因。讲好红色故事、弘扬红色精神是红色旅游的责任和使命。红色故

---

① 高举中国特色社会主义伟大旗帜 为全面建设社会主义现代化国家而团结奋斗：在中国共产党第二十次全国代表大会上的报告［M］. 北京：人民出版社，2022：44.

事直观生动，能动人心弦、引人入胜，对受教育者有着很强的吸引力和感染力，通过讲好红色故事，发挥红色资源的育人作用，有助于打造富有吸引力和感染力的课堂，从而调动学生学习的积极性和主动性，不断提高红色文化教育的实效性。以"讲故事"的形式将不可移动红色文物、红色遗迹蕴含的历史、文化、精神带进红色场景中，一面面锦旗的背后践行党为人民服务的根本宗旨、一件件文物背后的红色传承故事、一个个经典战例对现代的启示都是铸魂育人的鲜活教材，以红色故事补钙壮骨，把红色基因融进血液，我们必将创造不负革命先辈期望、无愧于历史和人民的新业绩。

### （二）创造、运用好红色文化产品

第一，运用红色影视资源汇聚强大奋进力量。电影党史课、电影思政课是生动讲好爱国故事、宣扬爱国主义精神的载体，是利用电影进行爱国主义教育的一大创新。红色资源的挖掘，不只是为了看，更是为了用，在于潜移默化，在于持久发力。优秀的电影有强烈的感染力，蕴含着丰富的思想、艺术和文化价值。如《我和我的祖国》《我和我的家乡》等电影诉说着家国的情怀，《觉醒年代》《跨过鸭绿江》《山海情》等电视剧拨动着人民的心弦，《不忘初心》《天耀中华》《沂蒙山》《大地颂歌》等主题作品传扬着时代的旋律，更有那一支支乌兰牧骑活跃在边疆草原，一支支文艺志愿小分队扎根在工厂田间，一部部作品走出国门、走向世界……这一切，构成了激荡人心的时代协奏、感动世界的中国交响。通过红色影视教育资源将爱国主义情感深深烙印在受教育者的心田，可促使受教育者了解历史、认识国情、开阔视野、提高审美，增强文化自信，弘扬优秀传统文化，激发民族自信心和自豪感。而在观影后用影评的方式表达感受，从画面转向文字、情感的输出，可以使人们在潜移默化中汲取思想的养分，让爱国情感更加稳定与深厚。这些红色影视资源强调理念信念塑造、价值观念培育、精神境界提升等，帮助教育对象认识在艰苦卓绝的革命战争年代老一辈革命英雄是如何完成自己的主观世界改造的。同时这些影视作品又具有明显的实践特色，便于实践教学活动同步开展，提升和改善思想政治教育教学效果。

第二，挖掘红色文旅资源培育红色文化。党的二十大报告指出，要"坚持以文塑旅、以旅彰文，推进文化和旅游深度融合发展"，同时强调"用好红色资源，深入开展社会主义核心价值观宣传教育，深化爱国主义、集体主义、社会主义教育"。[①] 近年来，各地在保护开发利用红色文旅资源上做出进一步探索和尝试，走出一条具有地方特色的红色文旅之路。上海兴业路的石库门、嘉兴南湖的红船、井冈山麓的八角楼、长征路上的大渡桥、大庆油田第一口油井、戈壁深处的"两弹一星"科研基地、深圳的莲花山、荆江大堤的抗洪纪念碑、汶川地震后建成的新城、旧貌换新颜的湘西十八洞村……这些早已不只是闻名中外的地理标志，更已成为中华民族不甘落后、拼搏奋斗的精神图腾。将各地红色文旅资源的"点"穿成"线"。第一条线是爱国主义线，在抗日战争时也有很多血泪史，这些都是需要我们在新的时代下警醒的内容。第二条线是解放战争线，通过红色旅游去研究解放战争，让大家反思，我们怎样才能不忘初心，把先烈为我们打下的这片沃土建设好，每当风雨来袭，每当挑战来临，中国人民都在红色场景下的精神之旅中坚定信心、鼓足勇气，凝聚起众志成城、一往无前的磅礴伟力。

## （三）打造、运用好红色育人阵地

思想政治教育场景的划分是相对的，在思想政治教育过程中，需要

---

① 高举中国特色社会主义伟大旗帜 为全面建设社会主义现代化国家而团结奋斗：在中国共产党第二十次全国代表大会上的报告［M］. 北京：人民出版社，2022：54.

综合运用各种场景，以实现最佳的教育效果。思想政治教育红色场景的综合运用是由教育目标的多样性、教育对象的特殊性、教育过程的复杂性等因素决定的。

第一，助推红色场景实践基地建设。思想政治教育红色实践场景基地以推动爱国主义教育基地不断发展，应用适应时代发展需求的党的硬件和软件设施为基础，以打造爱国主义精神学习重要平台与阵地为目标，建设思想政治教育主体汲取精神力量、砥砺奋进的精神高地。以浙江嘉兴南湖为例，这里是"红船启航地"，距其不远的湖州安吉则是"绿水青山就是金山银山"理念发源地。一红一绿，共同构成了浙江大地的底色：红色根脉，绿色发展。湖心岛、南湖革命纪念馆、嘉兴地方党史陈列馆、苏嘉铁路遗址公园，红色基因在这里发扬光大。旧址群得到精心修缮和保护，当地将红色资源、生态资源等有机融合，推出丰富多彩的活动。例如，让参观者穿上新四军的军装，走一趟红色革命旧址，看一场红色主题电影，听一回红色主题报告，唱一首红色歌谣，吃一餐红色竹筒饭等，亲身体验新四军当年的战斗生活。以秦山核电科技馆为例，其致力于创建"五位一体"的爱国主义教育基地，建设最受公众欢迎的红船党性教育基地、爱国主义教育示范基地、核能科普宣传基地、工业旅游示范基地、生态文明教育基地，为建设绿水青山的美好生活展现核能的魅力。

第二，提高教育场景中的沉浸式体验。沉浸式体验可拓展思想政治教育红色场景信息化载体。新技术革命以来，信息化技术快速发展，给思想政治教育红色场景带来了新的发展契机，通过各种终端使用互联网，网络已经影响到我们认识世界、怎样学习和生活，针对现代技术带来的新情况、新问题、新契机，思想政治教育红色场景的运用亟待积极探索利用现代技术转变思想政治教育观念、改革思想政治教育方法、更新思想政治教育内容、创新思想政治教育红色场景。只有这样，才能保证思想政治教育的时代感，增强思想政治教育的吸引力。沉浸式体验与传统的"静观欣赏"单向模式相比，沉浸式展演更注重融合，提高了体验感的地位和作用。与传统的红色文化资源传播主要通过纪念馆、革命遗址等形式相比，沉浸式展演让作品不单单只是作品，观众也不单单只是观众，而是作品与观众的交互，观众获得了感官上多维的体验。以红色场景为核心的沉浸式展演，通过虚拟现实、全息技术、创新观演等方式，可充分调动观众的视觉和听觉，以真实的感官效果将观众带入综合沉浸式体验，进一步深化观众对红色文化的深刻理解，达到"启智、育人"的目的，为红色场景思想政治教育育人信息化载体的拓展提供了可能。要综合运用 VR、MR 与 AR 技术深度赋能思想政治教育红色场景。要着眼新时代思想政治教育的特点规律，分析受教育者的喜好和需求，强化思想引领，笃定信仰信念，运用创新方法手段，推动思想政治工作传统优势同信息技术高度融合。典型案例是运用于有温度、有质感、接地气的思想政治教育模式——《中国共产党领导力 VR、MR 和 AR》。该模式通过视觉、听觉和三维应用，以虚拟现实技术为手段，以虚拟现实设备为载体，结合党理论研究的最新成果及党领导力"四梁八柱"内容体系，真实重现红色革命场景，融 VR、MR 和 AR 技术与党建理论为一体，营造开放式、沉浸式和互动式的学习体验环境，打破传统红色教育的时间和空间限制，让创新理论可视化、形象化，真正灵动起来，增强时代感和吸引力，从而让创新理论真正地走深、走实、走心，使人们沉浸其中并筑牢信仰高地，加深对中国共产党波澜壮阔的发展历程和弥足珍贵的革命精神的理解，不断激发爱国情、报国志，在政治上保证清醒与坚定。我们引进技术助力思想政治教育，从一定程度上解决了受教育者教育组织困难、学习形式单一、培训成果无法展示等问题，"足不出户"便能穿越时空，零距离感受党的磅礴力量，使历史书本的图画和文字真正"活"起来。

　　第三，"红色场景网络+"推动思想政治教育新变革。"对于思想政治教育，网络不仅是虚拟，也是现实。网络是现实的人和社会的延伸，而网络环境实际上是网上与网下相互影响的系统。"① 在无"网"不胜的今天，谁能适应网络发展、占据网络阵地，谁就能赢得受教育者，推动思想政治教育模式实现新的变革。开设"红色云课堂"，一堂堂"红色金课"让人耳目一新；开展"红色云互动"。这深刻启示我们："明者因时而变，知者随事而制。"思想政治教育者应主动适应信息传播、舆论格局和受教育者认知特点的新变化，充分发挥网络红色场景化传播、鲜活化表达、导向化塑造、群众化参与、创新化发展等优势，开阔新视野、开辟新手段、开拓新阵地，推动思想政治教育实现思维革新、表达革新、行为革新、颜值革新。善于用微博、微信、微视频以及 H5 等传播手段改进教育方式，用新媒体新技术激活教育课堂红色场景，用"网言网语"解读抽象问题，加快实现传统优势与信息技术融合，切实立起新时代思想政治教育的好样子。

　　综上所述，本章研究的主体框架三个部分主要是围绕思想政治教育红色场景的内涵、功能和运用来展开研究。第一部分围绕思想政治教育红色场景的内涵，主要围绕"红色""场景""红色场景"和"思想政治教育红色场景"的内涵概念进行分类并深入辨析；第二部分在理论研究的基础上对思想政治教育红色场景的功能进行多维度的分析探究；第三部分将红色场景运用到思想政治教育的各个环节中，真正做到了思想政治教育与现实紧密结合、与实践充分互动、与时代同频共振。在研究主体框架的基础上，思想政治教育红色场景围绕革命、建设、改革各个历史时期的重大事件、重大节点、重要标识地作为红色场景载体，讲好党的故事、革命的故事、英雄的故事，彰显时代特色，使思想政治教

---

　　① 冯刚. 探索思想政治教育发展的内生动力［M］. 北京：人民出版社，2017：217.

育红色场景成为教育人、激励人、塑造"大思政"育人格局的主阵地。同时，在赓续红色血脉、传承红色基因的育人过程中，要突出受教育者的重点，设计符合受教育者主体认知特点的教育活动，建设富有特色的革命传统教育、爱国主义教育基地，厚植爱党、爱国、爱社会主义的情感。通过沉浸式体验等新颖形式，充分发挥互联网在"四史"宣传教育中的重要作用，让受教育者切身感受党和国家事业发展的艰辛历程、巨大变化、辉煌成就，激励受教育者铭记党的光辉历程、传承光荣革命传统，让红色基因代代相传，引导受教育者"立大志、明大德、成大才、担大任"。

# 第六章

# 思想政治教育的实践场景

实践是检验认识真理性的唯一标准。① 马克思的实践智慧也提醒我们，实践不仅仅是单向的行动，它更是一种交互的过程。在实践场景中，我们与他人、与社会、与世界进行对话和交流，我们在互动中学习，在学习中互动。这种双向实践的互动不仅丰富了我们的生活，也使得我们不断地尝试、探索、犯错、修正，检验了我们对世界的理解，从而适应和改变世界。思想政治教育作为一项富有实践性、创造性，为了满足社会和人的发展需要的活动，集中体现为要以育人为本，又要以人为用，去提高人的思想、政治、道德素质和促进人全面发展的实践教育。本章研究将思想政治教育与实践场景相结合，内容、方法都有新发展，但都不能脱离开马克思主义的认识论这一实践理论基础。因此，在思想政治教育实践场景中，思想政治教育能够增强人们对思想政治理论知识的理解，提高实践能力，培养社会责任感，促进人的自我发展。思想政治教育实践场景为思想政治教育活动以及思想政治教育对象的思想品德形成和发展提供了一切外部因素，这对思想政治教育活动以及思想政治教育对象的思想品德形成和发展产生影响。在思想政治教育的实践场景中，可以通过组织、引导人们积极参加劳动教育、志愿者服务、社

---

① 马克思恩格斯全集：第 4 卷 ［M］. 北京：人民出版社，2012：648.

会考察、虚拟实践等形式的活动，来不断地提高受教育者的思想觉悟和认识能力，即在改造客观世界的过程中同时改造自己的主观世界。为了把思想政治教育实践场景的优势更好地发挥出来，搞清楚其内涵、功能、运用是至关重要的。

## 第一节　思想政治教育实践场景的内涵

人的实践活动是思想政治教育形成和发展的基础，也是检验其成效的基础，是思想政治教育内容实现的依托。任何事物都处在一定的场景中，场景为人及人类的社会实践提供了保障。要充分利用实践场景中的积极因素并将场景中的消极因素转化为积极因素，使实践场景成为促进思想政治教育发展的重要组成部分，以充分发挥其对教育对象的感染和熏陶作用。大力优化思想政治教育的实践场景，对人的思想品德的发展以及思想政治教育的顺利开展有着至关重要的意义。因此，思想政治教育实践场景的优劣，对人才培养质量有着直接的影响。思想政治教育实践场景的内涵、功能和运用三者之间的关系是密切相连的。想要充分发挥思想政治教育实践场景的功能，并使其得到合理的运用，就必须首先明确思想政治教育实践场景的内涵，否则思想政治教育活动将是无源之水、无本之木。本节主要围绕"思想政治教育实践""思想政治教育实践场景"和"思想政治教育实践场景的特征"这三方面来阐述思想政治教育实践场景的内涵。

### （一）思想政治教育实践

陈万柏和张耀灿在《思想政治教育学原理》一书中把"思想政治教育"概括为"思想政治教育是指社会或社会群体用一定的思想观念、

政治观点、道德规范，对其成员施加有目的、有计划、有组织的影响，并促使其自主地接受这种影响，从而形成符合一定社会一定阶级所需要的思想品德的社会实践活动"①。《现代汉语词典》对"实践"的解释是：用行动使成为事实；人类有目的地改造自然、社会和人自身的一切实际活动。在英文词汇中，"practice""praxis""experience"与"实践"相关，其中与实践场景中"实践"一词相关的是 practice。从对"实践"一词的解释看，"实践"的基本含义就是实际操作、通常的做法、惯例、练习。亚里士多德把实践视为人的德性形成的重要途径，他认为人的德性是先天拥有的，但先天的德性需要通过实践才能进一步发展。作为认识论的一个重要范畴，马克思认为："全部社会生活在本质上是实践的。凡是把理论引向神秘主义的神秘东西，都能在人的实践中以及对这个实践的理解中得到合理的解决。"② 习近平总书记强调，实践方式、实践途径、实践平台的创新，是我们新时代开展社会实践育人工作的重要抓手。在进行思想政治教育的实践过程中，我们要把握思想政治教育对象思想变化的发展态势，有针对性、预见性地开展思想政治教育工作，采取灵活的教育模式，改变以往单一式的灌输教育模式，采取因势而谋、应势而动、顺势而为的实践教育，使思想政治教育在良性互动的过程中提高质量。

综上所述，实践具有目的性和自觉性，是人类改造客观世界的活动，即实践是人们对客观物质世界有目的地改造的全部活动。实践缔造了人的一切人际关系，也创建了人的社会生活。社会实践不是机械化过程的简单重复，而是螺旋式上升的过程，不断创新发展。进而得知，思想政治教育实践是指通过组织、引导人们积极参与具体的教育活动和实

---

① 陈万柏，张耀灿. 思想政治教育学原理［M］. 北京：高等教育出版社，2015：4.

② 马克思恩格斯选集：第 1 卷［M］. 北京：人民出版社，2012：135-136.

践活动，培养和引导人们确立正确的思想观念、政治观点和道德规范，提高他们的思想政治素质和道德水平的过程。它是一种有目的、有计划、有组织的教育实践活动，旨在通过教育手段和实践活动，引导人们树立正确的世界观、人生观和价值观，增强对党的领导和社会主义制度的认同，培养良好的道德品质和行为习惯，提高政治素质和思想道德水平，以适应社会主义现代化建设和全面建设社会主义现代化国家的需要。通过这些实践活动，人们在实践中感受到党的领导的正确性和社会主义制度的优越性，增强对党和国家的认同感和归属感，从而为社会主义现代化建设和全面建设社会主义现代化国家做出贡献。

### （二）思想政治教育实践场景

实践是人类进行一切活动的最根本途径，人的一切社会活动都需要在实践场景里进行。一种行为能被称为"实践"，必然得由实践主体、客体和中介这三个要素来建构。思想政治教育作为一种社会实践活动，必然少不了这三个要素。其中，思想政治教育实践场景正是充当了中介的作用。

当思想政治教育实践场景以思想政治教育活动为中心时，能够表达出思想政治教育实践场景的实质，这是一种基于思想政治教育实践活动的场景。就思想政治教育实践场景来说，不同的思想政治教育活动与教育对象会有不同程度的差异，这也在一定程度上决定了实践场景不能简单套用固定的模板。此外，就实践场景的外延来说，也不能简单套用某一固定场景。从思想政治教育的性质上讲，思想政治教育实践场景的中心项既不特指思想政治教育活动，也不特指受教育者，一个良好的实践场景中心项应该兼容这两者。

思想政治教育实践场景是指通过设计实践活动方式和实践活动形式，为思想政治教育实践提供一个更有助于提升教育者和受教育者体验感、有助于提升受教育者感受和理解从而掌握思想政治教育知识的场景。此场景需要承载对思想政治教育活动以及思想政治教育对象的思想品德形成和发展产生影响的一切外部因素，思想政治教育实践场景承载和传递着思想政治教育信息、能为思想政治教育主体所操作并与思想政治教育对象发生联系的一种环境，以便达到思想政治教育的目的。思想政治教育实践场景是一个特殊的环境系统，其特殊性表现在：只有当它对思想政治教育实践和教育对象的思想品德产生影响时，才会被看作思想政治教育实践场景。换言之，思想政治教育实践场景是由那些与思想政治教育实践和人的思想品德形成和发展有密切关联的因素所构成的。思想政治教育的实践场景既推动了思想政治教育的发展，又实现了实践场景的自我发展。

### （三）思想政治教育实践场景的特征

特征是一事物区别于他事物的总体表征。思想政治教育实践场景的特征是其特有并表现出来的稳定的性质。思想政治教育本身处于开放的多层次、多要素、动态性的实践场景中，加之受教育者自身的特殊性，其实践场景在思想政治教育中也显得更加变化无方。根据目前学者的研究再结合笔者的思考，从总体上看，客观性、动态性、可塑性、多维性是思想政治教育实践场景的主要特征。

第一，客观性。客观性是思想政治教育实践场景本身所固有的特征，是指在思想政治教育实践场景中所传递的信息和价值观念是客观存在的。身处思想政治教育实践场景中的人们总是被潜移默化的方式影响着，这些信息和价值观念通过言语、行为、文化传承等方式，渗透到人们的意识深处，从而对他们的思想和行为产生影响。这种"润物细无声"的影响也是绝对客观的，它不以人的主观意志为转移。例如，在学校教育中，教师的言传身教、课堂教学内容和方式等都会对学生的思想和行为产生影响。家庭教育中，父母的言行举止、家庭价值观念的传递等也会对孩子的思想和行为产生影响。在社会环境中，媒体的宣传、社交网络的影响等也会对人们的思想和行为产生影响。因此，我们应该在思想政治教育实践场景中积极引导和塑造这种影响，以便更好地实现思想政治教育的目标，培养出具有正确思想和良好行为习惯的公民。在思想政治教育过程中，也会出现鱼龙混杂的实践场景。若处置不当，思想政治教育的成效可能会被一些消极的实践场景所消解。因此，不能简单地因思想政治教育实践场景作用方式的"无声"而忽视其存在的客观性。更多时候，需要在充分调动主体能动作用的基础上，考察其作用的"有声"。

第二，动态性。动态性是思想政治教育实践场景的一种属性，是思想政治教育实践场景随着时间的推移和空间的变化而发生的。同整个世界的辩证运动一样，思想政治教育实践场景在看似静止的外在状态下，实则其内部构成要素不断地进行着自身绝对运动，并在自身绝对运动与相对静止的统一中影响着人及人类社会。思想政治教育实践场景的动态特点包含两方面的意思：一方面，场景的营造要根据教育发展和受教育者发展的需要而不断发生变化，推陈出新；另一方面，在不断更新的过程中，为受教育者尽可能多地提供参与、表现的机会与条件。因此，思想政治教育实践场景，要秉持因时而新、因事而异的营造理念和科学态度。

第三，可塑性。思想政治教育实践场景的可塑性是指人能动地改造育人实践场景的特性。正因为可塑性的特征，育人实践场景才具有可操作性。在思想政治教育实践场景中，思想政治教育工作者通过高超手段和方式可以便捷、合理地把思想观念中的设想转化为现实存在，服务于受教育者，服务于广大参训人员。例如，通过建设以红色文化为主题的文化墙，紧抓时政热点开展思想政治教育等。当然，在掌握思想政治教育实践场景可塑性这一特征时，我们要科学、理性地看待绝对性与相对性的辩证关系，既要看到思想政治教育主体在塑造实践场景中的主动地位，又不能忽视人的主动地位的相对性。思想政治教育实践场景的可塑性，是在遵循自身发展规律的基础上，在特定范围内进行塑造。因此，思想政治教育实践场景的可塑性特征，是在符合规律性和能动性的基础上显现出来的。

第四，多维性。多维性是思想政治教育实践场景因划分标准的差异而具有的特性，指的是思想政治教育实践场景是建立在多个复杂的层次结构和要素结构基础上的多维性系统。比如，在构成思想政治教育实践场景要素中，按照构成形态和内容，有不以主体主观意志为转移的，始终围绕在思想政治教育活动周围的，包括人口、生产力、经济状况等在内的物质要素；还有建立在一定社会经济基础之上的、规定和约束着人们思想政治教育活动基础之上的制度要素；另外也存在包括社会舆论、观念、信仰等意识形态在内的、影响着受教育者思想和行为的精神要素。总的来说，以划分标准为基准建立起来的思想政治教育实践场景，会因划分主体视角差异而表现出不同。比如，以实践场景的层次为标准，有宏观实践场景、中观实践场景、微观实践场景之分；以实践场景所处的状态为标准，又有开放式实践场景与封闭式实践场景的区别。由此可见，具有多维性的思想政治教育实践场景不是由单个因素构成的，也不是多个要素之间的简单叠加。

## 第二节　思想政治教育实践场景的功能

"思想政治教育也是一种教育实践活动。教育是社会按照一定的需要培养合格的社会成员的实践活动。"① 思想政治教育作为在改造客观

---

① 陈万柏，张耀灿.思想政治教育学原理［M］.北京：高等教育出版社，2015：4.

世界的过程中同时改造自己主观世界的实践活动，无论是产生还是发展，都与实践紧密联系在一起。故此，思想政治教育实践场景对人类实践活动是具有能动作用的，主要通过对社会成员的思想观念、政治观点、道德规范的改造来影响他们的行动，使社会朝着安定、和谐、永续的方向前进。思想政治教育实践场景为思想政治教育提供了产生的基础和发展动力，思想政治教育唯有通过实践场景，才能顺利完成主体客体化和客体主体化的双向对象化，进而才能使人的主观世界得到有效改造，思想觉悟得到转变，其既定的育人目标和预期目的才能圆满实现。思想政治教育实践场景是落实核心素养发展目标的重要保障，也是强化课程实践性的重要载体。思想政治教育实践场景作为思想政治教育活动重要载体之一，在其功能上大致可分为个体功能性和社会功能性。思想政治教育实践场景的功能在思想政治教育育人的过程中发挥着重要的功效，思想政治教育实践场景的功能对于确证理论知识、提高实践能力、培养创新精神这三方面具有重要作用。

### （一）思想政治教育实践场景的确证理论知识作用

长期以来，基础教育人才培养方式过于单一，存在着知行分离、知识教育与实践教育脱节的倾向性，过于注重接受性学习与基于符号逻辑演算训练，轻视甚至忽视了实践的教育价值。要切实落实以人为本、全面实施素质教育的精神，必须深化基础教育人才培养体系的改革，充分发挥实践的素质教育功能，探索实践育人新体系。"社会实践的发展，一方面不断提出新课题，冲击人们的旧思想，推动人们从事新的探索，形成新思想。另一方面，社会实践的发展还不断给人们提供新的经验材料、认识工具和实验条件，帮助人们提高认识能力，促进思想发展。"[1]

---

[1]　郑永廷.思想政治教育方法论［M］.北京：高等教育出版社，2022：164-165.

从人才培养方式的角度看，思想政治教育实践场景的确证理论知识作用是作为思想政治教育的延伸和补充，丰富了思想政治教育的场景，促进了课堂知识融入实际生活。在思想政治教育实践场景中，可以将理论知识与实际行动相结合，加深受教育者对理论知识的理解和应用能力。同时，还可以培养受教育者的社会责任感、团队合作能力等重要素养，从而更好地将思想政治教育的理论知识转化为实际行动。

具体来说，在思想政治教育实践场景中，可以为确证理论提供实证验证的机会。学生可以亲身体验和观察到理论知识在实际生活中的应用和效果，从而验证理论的正确性和可行性；受教育者可以更加深入地理解和体验到理论知识的实际意义和价值，从而增强对理论知识的信任和认同；通过亲身的经历和感受，受教育者可以更加深刻地认识到理论知识的重要性和必要性；可以激发受教育者的学习兴趣，使他们更加主动地去学习和探索相关的理论知识；受教育者可以感受到理论知识对于解决实际问题的重要性，从而主动地去学习和应用相关的理论知识；可以培养受教育者的批判思维能力，使他们能够对理论知识进行深入的思考和分析；受教育者可以发现理论知识的局限性和不足之处，从而培养批判思维能力，进一步完善和发展理论知识。举例来说，受教育者可以通过实际参与社会公益活动，如作为志愿者以自己的行动接受社会的评价与检验，并获得了自我价值的认同与升华，亲身体验到理论知识的作用。受教育者可以参与到环保组织的活动中，如清理河流垃圾、种植树木等，他们可以学习到环保理论知识，了解环境保护的重要性、人类活动对环境的影响等，进而深刻地体会到环保理论知识的实际应用和作用。此外，受教育者还可以参与到社区服务活动中，如为贫困家庭提供帮助、为老人提供陪伴等，在这个过程中，他们可以学习到社会公益理论知识，了解社会公益的意义、贫困本质问题的根源等。通过实际行动，受教育者可以更加深入地理解和体会到社会公益理论知识的重要性。

### （二）思想政治教育实践场景的提高实践能力作用

实践能力是指个体在实际操作中运用所学知识和技能解决问题的能力。也就是在学习中不断增长知识从而运用到生活中来指导具体实践，实现将理论知识升华至实践能力。实践能力可具体分为：收集处理信息的能力、获取新知识的能力；合作能力、交际能力、社会活动能力；观察事物、发现问题，汇总现象、提出问题，体验实践、分析问题，思维参与、解决问题，发展提高、交流成果。在思想政治教育实践场景中通过转化人的主观世界，进而影响人的思想观念和行为方式。思想政治教育在实践场景中的实践过程，就是要在教育中端正思想态度，提高思想觉悟，最终从实践到认识，从认识再到实践的这样一个过程，从而提高实践能力。"思想政治教育帮助人们树立远大的理想和道德情操，树立正确的世界观和人生观，不是为了别的，就是为了指导人们去正确行动，就是为了帮助人们在社会实践中正确分析和处理各种实际问题，就是为了充分调动人们进行社会主义现代化建设的积极性和创造性。"①在思想政治教育实践场景中，可以根据实际情况制订教育方案，最终把科学理论和正确思想落实到实践中去。在这个过程中，教育实施和部署都是从实践场景中来的，同样都是接受实践场景检验的。由此可知，思想政治教育实践场景具有提高实践能力的作用。

### （三）思想政治教育实践场景的培养创新精神作用

在思想政治教育实践场景中，受教育者可以亲身体验并理解问题和挑战，从而培养解决问题和创新的能力。在实践过程中，受教育者需要

---

① 郑永廷. 思想政治教育方法论 [M]. 北京：高等教育出版社，2022：165.

不断思考和尝试新的方法和新的解决方案。这种锻炼可以激发创造力，培养创新思维和创新能力。实践通常需要团队合作，通过与他人合作解决问题，可以培养团队合作精神和创新合作能力。团队合作还可以促成不同思维和观点的碰撞，从而产生更多的创新想法。通过实践，人们可以从错误和失败中学习，进而不断改进和创新。实践需要人们主动尝试新的事物和面对未知的风险挑战，这种冒险精神可以培养人们勇于尝试和创新的能力。由此可知，思想政治教育实践场景对培养创新精神起着至关重要的作用。

党的二十大报告指出："在社会基层坚持和发展新时代'枫桥经验'，完善正确处理新形势下人民内部矛盾机制，加强和改进人民信访工作，畅通和规范群众诉求表达、利益协调、权益保障通道，完善网格化管理、精细化服务、信息化支撑的基层治理平台，健全城乡社区治理体系，及时把矛盾纠纷化解在基层、化解在萌芽状态。"[①] 党的十八大以来，习近平总书记就坚持和发展新时代"枫桥经验"做出一系列重要指示，各地认真贯彻落实习近平总书记重要指示精神，紧紧依靠群众探索创新，努力为中国式现代化建设创造安全稳定的社会环境。北京市"接诉即办"以一根热线穿起民生万根线、南京海事法院等11家单位的"海上枫桥经验"实践探索、四川成都武侯区的"信托制"解纷工作法、青海海东市服务"拉面经济"的跨域矛盾纠纷调解、辽宁沈阳牡丹社区的"三零"工作法、福建明溪县的"侨乡枫桥"解纷工作法……新时代"枫桥经验"已经从乡村拓展到社区、网络等新空间，从社会治安领域扩展到经济、政治、文化、社会、生态等多个领域，展现出旺盛的生命力。

---

① 高举中国特色社会主义伟大旗帜　为全面建设社会主义现代化国家而团结奋斗：在中国共产党第二十次全国代表大会上的报告 [M]. 北京：人民出版社，2022：60.

## 第三节　思想政治教育实践场景的运用

　　思想政治教育实践场景是时间和空间的特定范畴。在不同空间领域、不同时间、不同场合中，运用思想政治教育实践场景各有特色。在个体功能视域下，思想政治教育在思想政治教育实践场景中的运用，对于培养受教育者的公民意识、社会责任感、创新思维、实践能力、团队合作能力、沟通能力以及价值观和道德观念具有重要的意义。通过对思想政治教育实践场景的运用，受教育者可以更好地理解和应对社会问题和挑战，为社会的进步和发展做出积极的贡献，进而"量变引起质变"地触发其社会功能。党的二十大报告提出："当前，世界百年未有之大变局加速演进，新一轮科技革命和产业变革深入发展，国际力量对比深刻调整，我国发展面临新的战略机遇。"① 在这"百年未有之大变局"的背景下，思想政治教育的实践场景的运用亟须立足时代背景，一方面实践场景要积极为思想政治教育的实施创造条件和机会，另一方面要在实践场景中积极探索优化思想政治教育的新途径。

### （一）思想政治教育实践场景在课堂教学中的运用

　　随着信息技术的快速发展，互联网、平板、手机等设备不断更新换代，相关的教学平台软件也逐渐覆盖到人们日常的学习生活中。传统的教学样态已经无法完全有效地吸引受教育者的注意力，思想政治教育实践场景可以营造既满足受教育者寻求感官刺激又给受教育者带来"感

---

　　① 高举中国特色社会主义伟大旗帜　为全面建设社会主义现代化国家而团结奋斗：在中国共产党第二十次全国代表大会上的报告［M］. 北京：人民出版社，2022：32.

受得到"的体验方式的环境。因此,思想政治教育实践场景运用尤为重要。现阶段以下两个方式的运用十分重要。

第一,推广"雨课堂""学习通""慕课"等课堂实践场景,实现教学重点由"教"向"学"的转化。MOOC (Massively Open Online Courses),即"大规模在线开放课程"。实现教育理念的四个转变:以教为主(教师满堂灌)向以学为主转变,从而全面落实"教与学"教学改革创新;由过去的以班为主(过分强调班外)转变为以班外相结合为主;由过多注重分数的考核为主转变为注重过程的考核为主;把对教师"教"的重视转变到对学生"学"的重视上来。这种具有交互功能的开放式在线学习方式掀起了一场学习的革命,引发教育理念和教育体系的全面更新和调整,其中最显著的变化之一就是实现了"反转课堂式教学模式"(Flipped Class Model),即人们常说的"翻转课堂"。教师从课堂知识的管理者与传播者转变为知识的领导者与学习的推动者;学生从被动接受转变为主动汲取;授课方式从"课堂讲解+课后作业"向"课前学习+课堂探究"转变,课堂内容从知识的讲解与传播向问题的探究方向转变,考核方式从传统的纸质试题向多角度、多途径注重实践的考核方式转变。通过"课堂讲解+课后作业+课堂探究"课堂教学的一些有益尝试和积极探索,有效利用网络平台,主动整合优质资源,更好地保证了在课堂教学中体现国家意志。同时,在发挥开放课堂优势让优质教育资源共享的同时,也增强师生互动与趣味性,体现课堂教学发展方向与趋势的课堂转型创新之路,展现了以"学"为本的教学价值导向,构建了以学生为中心的新型教学架构,用体验性搭建了思想政治教育虚拟与现实交错融合的新场景。充分展现出学生"两高一强":一是学生政治素质明显提高。学生理想信念坚定,胸怀忧国忧民之心、爱国爱民之情,具有迎难而上、挺身而出的担当精神。二是学生专业素质不断得到增强。学生对于作品精雕细琢,精益求精,对于自身严格要求，对于学业严谨专注。三是学生道德法律素质明显提高。学生严守法律底线，职业道德判断提高、选择能力强和抵御风险意志力强。学生胸怀忧国忧民之心，积极参加"三下乡"、义务清扫街道等公共场所、宣传交通安全常识、到养老院孤儿院献爱心、照料非亲属孤寡老人残疾人、为灾区组织募捐或捐赠、到灾区救护、无偿献血、保护环境等社会公益实践活动，从而提高理论水平，进而发表优质论文，积极参与创新创业训练计划项目，提高就业率。

　　第二，改变"隐性逃课"现象，重构课堂秩序。"隐性逃课"指的是"身在曹营心在汉"的状况，即学生按时出勤、端坐于课堂，但并不听老师讲课，只是专注于自己的事务，呈现出一种"形在而神不在"的现象。① 隐性逃课原因和显性逃课原因大致相同，主要包括学生自身、教师、学校和社会几方面原因。学生的自控力、学习态度、学习兴趣及学习动力等都是隐性逃课的重要原因。例如，在高校公共课课堂教学中多以大班为主，一个课堂往往容纳上百人甚至几百人。要想在这样一个学生人数众多的大课堂上，实现学生互动交流、小组联谊活动，无疑有相当的难度，这就给"隐性逃课"提供了相应的场景。随着数字技术向教育领域渗透，线上教学和"线上+线下教学"大规模展开，已成为常态化模式。但受线上教学平台所限，课堂中难以实时监管，致使学生隐性逃课行为比较普遍。因此，在推进新的教学理念和教学模式的同时，解决大班课教学普遍存在的"隐性逃课"的现实问题势在必行。"隐性逃课"，往往因为看起来没有违反学校的相关纪律而不能得到足够重视，而任课老师往往因为班额过大、管理不力而对课堂的控制力减弱。这种现象如此普遍，以至于一些学校不得不出奇招，如先交手机再

---

　　① 周琦. 目标与手段的背离：大学生"隐性逃课"的社会学分析 [J]. 当代青年研究，2001（3）：16.

上课等。课堂是师生共同组成的教育教学情境场景，课堂是这个实践场景的固定场所，在课堂上开小差的同学的行为，不仅会分散其他同学的精力，影响其他同学的学习，老师在课堂上的情绪也会受到影响，从而影响整个课堂气氛。因此，从对课堂教学实践场景的影响角度来说，"隐性逃课"的破坏性更大。针对以上分析，想要改变"隐形逃课现象"，亟须运用思想政治教育实践场景，并使其效能浸润到以下三方面并产生功效。学生自身层面，纠正学生认知偏差并树立正确的认知、提高自我控制能力、培养学生学习兴趣；教师层面，革新教学方式、更新完善教学内容、增加教学精力的投入；学校层面，优化学生学习评价方式、加强教师教学管理、推广智慧新课堂并改善课堂教学环境。

## （二）思想政治教育实践场景在实践教学中的运用

实践教学是一种教学方法，它可以包括实地考察、实验、实习、实训、实践项目等形式，注重受教育者的参与、互动及亲身体验感。在实践教学中运用思想政治教育实践场景，使受教育者置身于真实的环境中进行实际操作和实践活动，可以促进理论知识与实际应用更好地契合，有助于提高受教育者的实际动手能力、创新能力、团队合作能力和在职场中的竞争力。在具体的实践教学中，主要通过课堂实践、课外实践和虚拟实践这三大基本形式来运用思想政治教育实践场景。基于此，本节从在思想政治教育实践场景中把握实践育人的规律性、在思想政治教育实践场景中依托"互联网+"助力实践教学创新发展、在思想政治教育实践场景中推动新时代实践教育的系统化发展这三个方向来对思想政治教育实践场景在实践教学中的运用进行初步探索。

第一，全面把握在思想政治教育实践场景中的实践育人规律。习近平总书记在全国高校思想政治工作会议讲话中指出："做好高校思想政治工作，要因事而化、因时而进、因势而新。要遵循思想政治工作规律，遵循教书育人规律，遵循学生成长规律，不断提高工作能力和水平。"① 在思想政治教育实践场景中进行实践教学，有助于我们发现、认识和运用思想政治教育育人规律，做到"知己知彼"，从而促进学生全面发展，推动社会全面进步，"百战不殆"。因此，在思想政治教育实践场景的教学中应重点把握人的思想政治素质形成与发展规律、实践教学育人实施过程规律、实践管理规律。

第二，依托"互联网+"，助力思想政治教育实践场景教学创新发展。思想政治教育实践场景教学是一种基于现代信息技术的全新场景感知教学育人模式，它增强了学生的自主学习能力和参与度。现如今，越来越多的学生开始依托互联网获取信息和查找学习资料，这表明互联网的普及对学生的学习、生活产生了较大的影响。思想政治教育与实践场景相融合的虚拟实践教学为学生提供了便利，使其"足不出户"就能接受思想政治教育。通过互联网平台，学生可以运用马克思主义理论来分析现实问题，并通过创作信息化作品来践行所知所学。同时思想政治教育实践场景教学的兴起，充分展现出学生思维模式、生活状态和学习习惯的变化，学生的思维能力和实践能力得到了很大的提升，有助于增强学生的自信心，也为思想政治教育理论课的实践教学提供了创新的思路、方法和途径。因此，依托"互联网+"要让思想政治教育实践场景教学成为未来思想政治理论课教学的重要组成部分，同时为其他学科的教育教学带来新的思路和模式，这样才能让创新的教育教学模式推动现代教育和思想政治教育实践场景教学的快速发展。

第三，推动新时代思想政治教育实践场景育人的系统化发展。思想政治教育实践场景是一个各要素内在统一的体系，也是一个有机联系的整体。如果只知道掌握理论知识，而不知道知识跟真实社会的联系，那

---

① 习近平谈治国理政：第2卷［M］. 北京：外文出版社，2017：378.

是死的知识，是静态的理论知识。除了掌握基础性理论知识以外，还有一系列实践能力也至关重要：获得知识的思维方法和能力、问题的解决能力、知识的迁移创新能力、与人工智能产生联系和连接的能力以及价值赋予的能力。思想政治教育实践场景育人就是多因素相互作用的有机体，必然具备系统性全面性特征；思想政治教育实践场景育人以各部分协同运行得以有效运转，必然具备整体性特征。同时，思想政治教育实践场景育人最大效能的发挥也要依托各主体的工作合力，必然具备协同性的特征。着力增强思想政治教育实践场景育人的系统性、整体性和协同性，就必然要求构建思想政治教育实践场景育人系统化工作体系。在新时代，构建思想政治教育实践场景育人有其学理性的基础和方法论的指导，具有重要的实践价值。

### （三）思想政治教育实践场景在网络育人中的运用

20 世纪 90 年代以后，随着互联网在社会各领域的广泛渗透，逐渐改变了思想政治教育的实践场景背景。第 52 次《中国互联网络发展状况统计报告》显示："截至 2023 年 6 月，我国网民规模达 10.79 亿，互联网普及率达 76.4%。即时通信、网络视频、短视频的用户规模仍稳居前三，用户规模分别达 10.47 亿人、10.44 亿人、10.26 亿人。网约车、在线旅行预订、网络文学等用户规模实现较快增长，用户规模较 2022 年 12 月分别增长 3492 万人、3091 万人、3592 万人，增长率分别为 8.0%、7.3%、7.3%，成为用户规模增长最快的三类应用，'5G+工业互联网'融合发展已驶入快车道。"① 互联网已成为人们日常生活的重要组成部分，改变了人们的生活方式和工作方式，网络作为重要的信息

---

① 第 52 次《中国互联网络发展状况统计报告》发布［EB/OL］. 中国互联网络信息中心，2023-08-28.

平台与交流工具，方便了学习和生活，提高了工作效率。但是，网络是一把"双刃剑"，网络自身的隐蔽性、虚拟性、开放性等也带来一些网络安全问题，表现在部分网民网络安全意识淡薄、网络价值判断能力不强、网络自控能力较差、网络失德和网络违法行为时有发生。这些问题的存在影响了人的健康发展，也不利于健康网络秩序的形成，因此加强思想政治教育实践场景在网络中的运用，就成为高校思想政治教育工作者面临的一个重要课题。

第一，确保网络信息的真实性。在网络中，运用思想政治教育实践场景，使得网络信息真实，在此场景中让网民感受真实信息的影响。要有效避免由于部分身份认证的虚拟化，别有用心的人甚至恶意发布虚假信息，误导民众。与此同时，网络信息传播的显著特征是传播范围呈几何级数增长，通过分享和互动实现传播。网络上有这么一种说法：个人媒体上你有100多个粉丝，你是内刊；你有1000多个粉丝，你是公告牌；粉丝过万人，你就是一本杂志；粉丝10多万人，你就是地方类报纸；粉丝过100万人，你是全国的报纸；粉丝达到1000万以上，你就是电视台；粉丝数近1亿，你就是中央广播电视台。譬如，2023年随着各地陆续入冬，呼吸道疾病进入高发季节，多种呼吸道疾病交织叠加，难免让人焦虑。恰在此时，网上一些治病养生医药"偏方"频出，一些自媒体假借专业人士和医生网上"开方"，真假难辨、误导公众。如"感染肺炎支原体会得肺炎、会出现'白肺'""可自行给孩子服用阿奇霉素等药物以预防支原体肺炎""可网上购买'医院同款'雾化器在家自疗"等谣言，抓住人们对疾病的恐惧心理大肆传播，有的耽误正常治疗，有的则是"假科普、真带货"。上述谣言在网上广为流传，这些一度获取网友认同和怜悯并被大量转发的信息，最终被验证为混淆黑白或子虚乌有，混淆视听，产生了消极影响。网络谣言应止于智者，面对网络谣言，我们首先要做的不是传播，而是运用科学精神，借助理性思考，听取多方信息，深入分析传言，及时判断出传言的真假，不做愚昧的信谣者，更不当谣言的"传话筒""扩音器"。智者在于尽责，维护网络良好生态人人有责，对于毫无根据的传言，要勇于利用自己的知识驳斥谣言，多些主见、少些盲从，多些理性、少些冲动，让谣言的传播在你这里停止，还原事实真相。抵制网络谣言仅靠法律是不够的，还要倡导行为自律，提高我们的法律意识和文明素质。只有串联一切资源来共同抵制，才能营造一个风清气正、健康有序的网络环境，打造一个碧水蓝天的网络世界。运用思想政治教育实践场景来弱化防范化解网络的纠错机制和传播机制的作用反应速度慢的弱点，避免真实、虚假信息同时传播的现象，能够有效地裁减网络受众的不确定性和网络分享的不定向性。

第二，坚持正确的网络舆论导向。党的二十大报告中明确提出，"拜金主义、享乐主义、极端个人主义和历史虚无主义等错误思潮不时出现，网络舆论乱象丛生，严重影响人们思想和社会舆论环境""加强全媒体传播体系建设，塑造主流舆论新格局。健全网络综合治理体系，推动形成良好网络生态"。① 现如今，网络舆论成为意识形态阵地的前沿，展现了不可低估的影响力。其一，在实践场景中坚持网络舆论导向正确，首先要运用思想政治教育实践场景在社会意识形态中的重要功能，在此实践场景中充分利用社会各种积极因素去影响受教育者，使受教育者坚持正确政治导向。把西方的价值观、意识形态输出给中国的这个妄念，以美国为首的西方国家从来没有放弃过。一方面，借助各类信息传播渠道，对西方社会的各方面进行夸大美化，持续对社会主义进行抹黑，对改革发展过程中存在的社会矛盾问题进行放大。另一方面，加

---

① 高举中国特色社会主义伟大旗帜　为全面建设社会主义现代化国家而团结奋斗：在中国共产党第二十次全国代表大会上的报告［M］. 北京：人民出版社，2022：50.

大对反华势力和骨干的扶持和培养，拉拢对社会持有偏见的"意见领袖""网络公知"，并利用这些群体散播美化西方、丑化中国社会的言论。最直接的表现就是，一些人在意识形态领域出现了混乱，在我们生活中，一些病态的"精日""精美"的行为公然出现。现如今，以美国为首的西方国家的文化入侵，正通过更加隐蔽的方式悄然推进。从汽车、服装、体育、奢侈品，甚至到电影、动漫、图书、教材等文化产业，比比皆是。在过去一段时间，很多国人都以能用上"美国货"而感到自满得意，以能够和美国的人或物有交集而感觉价值提升，蒙昧地认为"美国的月亮比中国圆"。这种崇洋媚外的思想一直挥之不去，并有可能在之后的一段时间里继续作祟。显然，网络已经成为东西方思想斗争和交流的前沿阵地，运用好思想政治教育实践场景，保证正确的政治导向，是做好意识形态工作的重中之重。其二，在实践场景中坚持正确的网络舆论导向，思想政治教育实践场景具有鲜明正确的价值导向。要深入运用其引领作用，组织力量对错误的思想观点进行批驳，有效地防止和遏制网络攻击渗透行为的发生；大力培育和践行社会主义核心价值观，弘扬主旋律，激发正能量。既要"破坏"又要"建立"，才能确保占领网络阵地的正确价值取向。其三，在实践场景中坚持正确的网络舆论导向，还要运用思想政治教育来旗帜鲜明地指出要坚持先进的文化导向。当网络越来越多地影响人们的生存方式和生活方式，它就成为一种文化平台，给人们的精神生活带来巨大的影响。在此场景中，以习近平文化思想作为重中之重的指导思想，可以坚持传播先进文化、自觉抵制低俗之风，注重网络内容建设，精心组织创作优秀网络文化产品，推动现实生活中已有的优秀文化精品上网传播，鼓励网民自创健康的作品，真正使互联网成为传播社会主义先进文化的前沿阵地。

第三，妥善处置网络危机事件。"网络思想政治教育和现实思想政治教育都是具有一定目的性、实践性和超越性的教育活动，都是以社会主义意识形态为主导，以促进人们形成符合社会和个人发展所需要的思想品德为目标的实践活动。"① 思想政治教育实践场景在网络危机事件中的妥善处置运用，可以显现出在网络环境下完善党的执政能力和政府公共管理方式的能力，进一步提升党和政府形象，推进国家治理能力现代化。因此，思想政治教育实践场景完全可以成为培养公民网络安全教育、提高公民参政议政能力的推进器。一些网络危机事件，从"关注、围观"的网络虚拟社会中演化为影响现实生活的政治事件的过程中，催生现实社会的群体性暴力事件。在网络危机事件发生的过程中，个别事件或话题的爆出确有"幕后推手"或一些群体（自媒体）刻意渲染炒作。大量的网民最初只怀着"打酱油"的心态去围观，一些网民也会参与其中各抒己见。当网民们置身于思想政治教育实践场景之中时，他们中间不乏产生对社会的某种公共关怀，或者对事件和话题的客观公正的态度。对于处置网络危机事件，通过运用思想政治教育实践场景来开展是最为直接而妥善的方式。在思想政治教育实践场景当中，人们的网络思想观念、网络品格构建都会逐渐完备。

综上所述，本章研究的主体框架三个部分主要围绕思想政治教育实践场景的内涵、功能和运用来展开研究。在当代社会条件下，社会发展与人的发展向思想政治教育提出了更新更高的要求。一是随着对内改革和对外开放的持续深化，人们的生活环境和思想行为的时空领域扩充，传统的思想政治教育模式不能完全满足如今对思想政治教育成效的要求。将思想政治教育与实践场景相融合，增强了实践场景实效性，发挥了实践场景推动思想政治教育由主观形态向现实形态拓展转化的重要作用。二是市场经济的快速发展，要求人们不断增强自主性、实践性和创新性，需要思想政治教育者提高思想政治教育的实践水平，从而达到动

① 郑永廷. 思想政治教育方法论［M］. 北京：高等教育出版社，2022：233.

员、协调和激励教育对象的目的。因此，人类社会的发展始终离不开实践的推动，也始终离不开贯穿实践全过程的思想政治教育活动，将实践场景融入思想政治教育，通过实践场景提高教育对象的思想政治素质，是综合处理社会各种复杂因素的需要，也是促进人的全面发展的需要。

# 第七章

# 思想政治教育的文化场景

智能新时代，场景教育越来越多地引起研究者们的关注，场景化传播的理论和实践为思想政治教育整体化的教育系统提供了新的可能性，思想政治教育的场景化研究和实践也在这样的背景下蔚起。文化场景是一种具有丰富内涵意蕴的信息场域和价值载体，其中各类景观形态所组成的符号体系，充满认知张力和审美张力，对受众产生强大的吸引力，置身于具体的文化场景中，人与环境的主客体关系被深度激活，两者产生深刻连接，触目皆是、给人启悟。因此，充分借助文化场景的资源优势，创新思想政治教育路径研究、提升思想政治教育实效性至关重要。

## 第一节　思想政治教育文化场景的内涵

关于思想政治教育的文化场景至今没有确切定义，笔者结合前人的研究和当下的思考，博采众长尝试给出一些概念要素，即紧紧围绕立德树人这一根本任务，充分借助现代科技手段，目的指向使受教育者更便捷、更精准地获取信息、接受深度影响的一种场面与情景。为了进一步透彻解读思想政治教育文化场景的深刻内涵，这一节将从思想政治教育文化场景的生成、思想政治教育文化场景的重要性和新时代思想政治教育文化场景的特色这三个角度来探讨。

## （一）思想政治教育文化场景的生成

思想政治教育文化场景的生成是自然的、历史的演进过程，是复杂的历史合力综合作用下的客观产物。在推动其生成的诸多力量中，我们重点围绕"文化""场景""思想政治教育与文化场景"来充分展开，追溯探索其生成的内在深刻逻辑及内涵。古今中外，在多维理论视野下，"文化"这一概念的内涵指向不尽相同、外延范围极其宽广，所以通常从广义和狭义不同的角度分别界定其内涵。广义的文化是指人类通过物质生产实践活动在适应、利用、创造性改造客观世界和主观世界的过程中所创造出来的一切文明成果，即物质成果和精神成果的总和；狭义的文化则特指精神文化成果。在具体的研究过程中，文化这一庞杂的概念体系又被不断细分为不同的结构层级和不同的类别。例如，从时间角度上，分为原始文化、古代文化、近现代文化等；从空间角度上，可将我国分为不同的地域文化谱系，如中原文化、齐鲁文化、江浙文化、湘楚文化等；从文化结构上，可分为物质文化、行为文化、制度文化、精神文化。

中国文化是基于一系列客观历史条件而产生的：从地理环境来看，是半封闭状态的大陆性地域，鲜明区别于海洋文化等；从物质生产方式来看，以农业经济为基础，鲜明区别于游牧文化等；从社会组织结构来看，漫长历史时期内维系社会基本秩序的重要纽带是宗法制权力结构，鲜明区别于契约文化等。这些独有的历史条件互相影响互相作用，形成稳定的支撑系统，孕育滋养了中华传统文化。进入近代后，在东西方文明的强烈冲突碰撞之下，中国传统文化在危机与挑战中走向转变，在"全盘西化"和"本位文化"的争辩思考中，自觉地走向了"民族的科学的大众的"新文化,而这一时期"革命"的主题和主色,也贯穿文化传承发展的过程。新中国成立后,不断加快建设社会主义先进文化。新时代新的历史方位下,坚持马克思主义中国化、时代化,传承发展中华优秀传统文化,促进外来文化本土化,不断培育和创造新时代中国特色社会主义文化。以上所梳理的是中国文化的大致发展脉络。千百年的文化传承,赓续了中华文脉。

接下来,是关于"场景"的解读。"场景"一词原本广泛运用于戏剧和影视创作的领域,强调在一定的时空场域内,围绕着特定的人物关系和互动行为而建构的情景或场面。本书中探讨的"文化场景",泛指具有独特底蕴和同质内涵倾向的符号序列整合而呈现的文化空间。尤其在当下,万物互联的大数据时代更给予这一概念更丰富的内涵、更多样化的应用语境和更精深的技术性支撑。在本章的第三节部分详细地展开了对不同文化场景应用的解读,其中包含校园文化场景、社会文化场景和网络文化场景。思想政治教育与文化场景的紧密契合,将以文化人、以文育人的功用价值充分发挥。具体而言,通过文化场景的立体环绕与呈现(包含虚拟立体感与实体立体环境),营造丰富的信息环境,激发受众的好奇心,提升主客体间的互动层级,强化受众深层次的感知觉刺激体验,进而使育人在广度、深度、效度上都更胜以往,以更宽广的视野、更深刻的内涵、更有效的路径推进育人兴邦,不断夯实中国式现代化的思想文化底蕴,不断推进中华民族伟大复兴。

## (二)思想政治教育文化场景的重要性

思想政治教育文化场景的重要性,可以从文化的重要性及文化场景对思政育人的重要性两个角度展开阐释。关于文化的重要性,习近平总书记一直有着极其深邃的思考,他强调:文化是一个国家、一个民族的灵魂。文化兴国运兴,文化强民族强。没有高度的文化自信,没有文化的繁荣兴盛，就没有中华民族伟大复兴。① 2023 年 10 月，全国宣传思想文化工作会议中首次提出习近平文化思想，作为划时代的理论，它在回应时代中应时而生、应运而生，并且丰富了习近平新时代中国特色社会主义思想体系。习近平总书记明确提出要"着力赓续中华文脉、推动中华优秀传统文化创造性转化和创新性发展"②，为我们在新时代新的历史方位下建设中华民族现代文明指明了方向路径，提供了根本遵循。

正如马克思所讲："人们创造自己的历史，但是他们不是随心所欲地创造，并不是在他们自己选定的条件下创造，而是在自己直接碰到的、既定的、从过去继承下来的条件下创造。"③ 中国文化就是新时代的我们从传统中继承下来的既成条件，于社会发展而言，它是生存机制和创造机制的基底。将文化的赋能作用发挥到极致，为发展提供重要支撑，为强国建设提供文化的动力支持，为中华民族伟大复兴提供强大的精神力量，这些都需要我们持续深入地进行探索。

源远流长、博大精深的中华文化在厚重的历史推进中不断植根培魂，其要义精髓多被翔实地记录在浩瀚典籍中，研习探究这些文献是把握中华文化核心的重要路径，但同时，更为纷繁复杂的文化要素、信息片段也广泛留存于更宽阔的非文本领域之中，文化场景就是其中很重要的一部分。文化场景于思政育人而言，是以文化为支撑载体建构起来的重要育人空间体系，是充分尊重时代特点，充分借助智能时代红利，充分优化育人路径、提升育人功效的重要方式；是在新时代新形势的背景下，聚焦立德树人这一根本任务，丰富思政教育育人模式、整合优质思

---

① 习近平. 坚定文化自信，建设社会主义文化强国 [J]. 求是，2019 (12)：4-12.

② 习近平在中共中央政治局第九次集体学习时强调：铸牢中华民族共同体意识　推进新时代党的民族工作高质量发展 [N]. 人民日报，2023-10-29.

③ 马克思恩格斯全集：第 4 卷 [M]. 北京：人民出版社，2012：109.

政资源的重要途径，最终以润物无声的深刻影响力来强化思政育人的过程和结果。所以，要充分挖掘和利用中华大地上丰厚的文化资源，例如，对中华优秀传统文化资源和场景，或极致还原或进行创造性转化、创新性发展，发挥其对受众启心润智的作用，正所谓古为今用，以传统滋养当下；对近代革命文化和新时代中国特色社会主义文化，加大重视和宣扬的力度，充分呈现其背后所深刻蕴含的人民性、革命性、科学性、先进性、实践性、时代性等一系列特征，以文化人、以文育人，令受众于无形间升起满满的民族自信心、民族自豪感，激发起其内心深厚的动力。

总之，通过走访有历史意义的古迹，凭吊追思继承发扬中华优秀传统文化，通过参观革命圣地来弘扬红色文化精神，通过新时代中国特色社会主义文化场景所传递的时代力量来凝聚起奋进的磅礴之力，擘画以中国式现代化推动强国建设、实现民族复兴的伟大蓝图，同时对世界而言，也是提供为人类谋进步、为世界谋大同的中国智慧和中国方案，展现中华文化魅力的重要过程。

### （三）新时代思想政治教育文化场景的特色

思想政治教育文化场景发挥优势作用，背后的逻辑基础和理论基础是场景化传播理论的相关要点，场景化传播"是指在一定时空条件下以受众的需求为出发点，构建能够激发受众主观感受的场景，并综合运用各种手段将各种场景要素进行有效连接，提升受众的信息体验，以此实现个性化信息与服务适配"①。

不同于传统思想政治教育课堂上平面线性的传播方式，新时代思想

---

① 黄冬霞. 场景化传播驱动思想政治教育创新的时代价值和实践策略［J］. 思想理论教育，2022：11.

政治教育文化场景的营造，首先，突破了时空等多种因素的局限，使人身处立体空间的画面环绕中，人的多种感官渠道同时启动并发挥作用，在沉浸式的身心体验中，更加有效地进行信息处理和整合，使教育内容更加入脑入心入行，润物无声。其次，更加关注到受众的主体性，并为其充分发挥提供了丰富的可能性。思想政治教育文化场景中不同结构、不同层级的信息全方位流动式呈现，满足了不同知识储备量和不同学习特点的受众在成长成才方面的多样需求。受众可以积极主动地把控好自身的学习状态，精准切入和深刻投入具体的内容细节，实现焦点重置，突破传统思想政治教育中以教育者主线叙述作为逻辑主轴的局限性。因此提升了受教育者在接受思政教育时的积极性和主动性。最后，不论是实体场景中"人在画中游"的人走景移，还是虚拟场景中"画从眼前流经"的人定景动，移步异景的画面动感是切实呈现的，受教育者群体此时联结为紧密的认知共同体、情感共同体，这种积极正向的团体过程互动和事后记忆，会更加深化教育影响。挪威城市建筑学家诺伯舒兹曾提出"场所精神"的概念，其内涵即人们的一种物体化、空间化的记忆和由此带来的对一个场景的情感认同和归属感。思想政治教育文化场景的作用亦是如此。乘兴而来的满怀期待，过程中的沉浸式体验，带有余兴余味的回味反思，使思想政治教育文化场景的功能作用发挥到极致。

新时代新气象也通过一系列宏大盛会所建构的文化场景来呈现，例如，近年来北京冬奥会、成都大运会、杭州亚运会等一系列盛会，现场观众以外的受众在网络上全程观看富含文化输出与文化交融特点的国际赛事，无形间感受到文化强国的魅力，我们一方面向世界呈现精粹的中国文化、中国元素，同时也在百年未有之大变局的背景下向世界发出了聚众之力、筑路未来、合作开创美好未来的呼声与诚意，身处这类文化场景中，中华文化海纳百川、兼容并蓄的雍容气度，给受众带来极其深刻的影响。这突出体现了新时代思想政治教育文化场景的特色。

此外，经典马克思主义对文化的研究，也为我们理解、挖掘和创新新时代思想政治教育文化场景的表现形式和活动实践提供了很大的启发，如强调必须还原到生产这些文化形式和实践的历史条件中去，并对这些历史条件加以分析。受教育者通过还原彼时的历史条件，探寻中华优秀传统文化呈现下复杂的历史合力的作用，使得中华文脉更加明晰鲜活地传承；通过还原此时当下的历史条件，更加明晰新时代的历史方位和历史特征，更加精准有力地把握新时代新征程的伟大实践，更加能激发微观个体的才智能力进而汇聚全民族的磅礴伟力推动历史进程。

总之，思想政治教育文化场景是独特的文化与教育空间，与传统思想政治教育相比较，它实现了思想政治教育的空间转化，这种转化带来了一系列微妙复杂又精准的变化，一方面如上文所述，受教育者的主体体验感更丰富更深刻，另一方面也使得作为教学主导者的教育者能通过关注空间权力关系的转换，有效调节教育预设和教育过程，进而更新评价标准和考核体系。

## 第二节　思想政治教育文化场景的功能

习近平总书记在宣传思想文化工作会议上做出重要指示，强调要着力推动文化事业和文化产业繁荣发展。思想政治教育文化场景的营造过程和使用过程，充分体现了以社会主义核心价值观为引领，贯彻落实习近平文化思想，通过优质的文化产品、文化服务、文化实践，提升中华文化的软实力和影响力，这对于推动社会主义文化繁荣发展，建设社会主义文化强国具有重要意义，此为宏观广义层面的功能影响。同时，在微观层面，也满足不同群体、个体在精神文化领域的不同需求和期待，具体来讲，即充分发挥思想政治教育文化场景的浸润作用、感染作用、熏陶作用。2016 年 12 月 7 日全国高校思想政治工作会议上习近平总书记就强调"要注重文化浸润、感染、熏陶，既要重视显性教育，也要重视潜移默化的隐形教育，实现入芝兰之室久而自芳的效果"①。

### （一）思想政治教育文化场景的浸润作用

时代向前推进，人类社会的生产实践水平不断提高、内容不断丰富，叠加信息化智能化的创新发展，一系列显著的时代特点就鲜明地呈现出来，尤其是人的主体性和主体意识不断增强，所以单纯依靠显性的育人渠道，难以贴合时代，满足丰富的人性发展需求，思想政治教育文化场景的浸润作用就是通过创设立体环绕空间，营造出人与情境的主客体契合体验，在丰富细腻的体验中，有意识或无意识地通过暗示、从众等一系列微妙的心理机制，无形间潜移默化地影响受众的认知水平、情绪情感、价值观念等，进而多维度提升思政育人效果。习近平总书记博古论今，曾满含深情地指出在漫长的历史进程中，中华民族以自强不息的决心和意志，筚路蓝缕，跋山涉水，走过了不同于世界其他文明体的发展历程。一方面，文化自信的气度，铺就了民族复兴的文化底色，提振了伟大复兴的精气神。另一方面，纷繁复杂又灿烂辉煌的中华文化场景为受众浸润其中、接受润物无声的隐性影响提供了丰沛的资源条件。

环境育人的思想及实践传统古已有之，先秦诸子中孔子、孟子、荀子、墨子等思想家都注重通过创设构建相应的文化环境对受教育者施加深刻影响，而源于古代延续至今且有时代新气象的"书院文化"更是环境育人、发挥浸润作用的典范。书院主要通过巧妙的选址布景营造飘

---

① 习近平在全国高校思想政治工作会议上强调：把思想政治工作贯穿教育教学全过程，开创我国高等教育事业发展新局面［N］. 人民日报，2016-12-09.

然世外的清静场域，各具特色的学术氛围使学子浸润其中受到影响。现以"阳明书院"这一文化场景为例，解读其在思想政治教育上发挥浸润作用的过程：位于江西吉安的阳明书院距今已有 500 余年历史，其间几经兴废，终于 2012 年在原址原貌复建，书院深居于山青、水青、气青的青原山山麓，峰峦叠翠营造天然场域，人浸润其中，纯然感受天人合一的能量，书院的陈列中处处彰显设展的用心，如"圣域学脉"展就综合运用文物资料与现代科技将阳明先生立言讲学、传播心学智慧的过程及书院发展的曲折经历真实又充满质感地艺术化呈现，令受众于无形中感受"此心光明"的力量，续写知行合一的当代传承，在一脉心学中感悟中华文化之精髓，进而将社会主义核心价值观内化为精神动力，外显为自觉的行动。

此外，在网络文化空间特点鲜明的当下，通过 AI、数字与文化艺术相融合的方式所打造的精彩文化场景，使得受众浸润其中，深刻感知到中国的历史与当代、哲学与美学、文化与精神的融合与碰撞。例如，天津数字艺术博物馆经过周密筹划、精心安排，于 2023 年 11 月推出"发现敦煌——敦煌艺术情景式特展"，整个展览将敦煌元素的核心与数字影像技术相融合，赋予文化遗产以时代的新生，为受众呈现出一场丰盛的视觉盛宴。过程中，受众还可以经由 AI 数字技术与敦煌艺术精品进行互动式沉浸观览。又如，2023 年 11 月 22 日，一场主题为"遇见古蜀"的三星堆沉浸式光影艺术展览在南京举办，5G 现代化数字信息技术为其赋能，令神秘璀璨的三星堆"活"起来又"动"起来，受众沉浸在流光溢彩的观影展览中，深情邂逅千年古蜀，品味文明传承的魅力，展览涉及三星堆文明的相关考古发现和先民的生产方式、生活方式、祭祀文化、信仰体系等多方面内容，展览充分利用光雕、全息互动投影等先进数字光影技术，在传统文化与高新科技相融合的基础上，受众在沉浸式体验中感受那悠远神秘又绚烂多彩的三星堆世界。尤其有趣的是，在体感控制、人机交互的环节中，受众可以通过定点识别技术进而生成与自己高度关联的古蜀人体态镜像，受众与镜中古蜀人进行可爱又奇妙的镜像互动，仿佛跨越历史时空的古老又现代的交流。以上是新技术在文博领域应用，进而营造网络文化场景的典型案例。

### （二）思想政治教育文化场景的感染作用

感染侧重于"感化""陶染"，鲜明区别于显性的强制灌输，感染作用主要通过思想政治教育文化场景的整体系统性和其中丰富的元素组合，利用受众对场景产生的高浓度的感性情绪体验、认知体验，给予其强烈的情感支撑去深入探知求索，令受众在更具弹性及空间的视野、想象和思考中，在放松的无意识状态下受到感染、接受影响，使其思想政治水平得以提高升华。以"铁人王进喜纪念馆"这一文化场景为例，解读其在思想政治教育上发挥感染作用的过程：作为我国第一座工人纪念馆，铁人王进喜纪念馆独特的建筑外观呈现出"工人"字形的组合，庄严肃穆的铁人石像矗立于天地间，手握刹把、目光坚毅、昂首向前的铁人写照，充满了写实的质朴与强烈的审美冲击力、感染力，纪念馆内不同展区通过场景设置，艺术真实地还原了以王进喜为代表的新中国第一代石油工人摸爬滚打、艰苦创业、敢于担当，进而甩掉了中国"贫油"的帽子，挺起中国能源脊梁的历史进程。置身其中，受众自然而然地被场景的艺术性、真实性、细节性所感染所打动，宏阔的建设主题、高妙的精神丰碑融于场景中的每一处细微呈现中，给受众润物无声的感染与心底的触动，奋进拼搏的石油人用热血和生命吼出的豪情誓言"宁肯少活二十年，拼命也要拿下大油田"犹在耳畔回荡。又如，青岛的五四广场，坐落于五四运动的"缘起地"——山东省青岛市，它是一座现代化风格的广场，身处其中，不禁为其主体雕塑"五月的风"所触动所感染所震撼，红色螺旋上升的形状，蕴含着五四运动的爱国主义基调和张扬腾升、生生不息的民族力量。诸如此类，在近代中华民族艰难跋涉的进程中、在中国人民奋力前行的征程中所产生的革命场景，它们作为历史与集体记忆的空间载体，在铸魂育人等方面发挥着至关重要的作用。

此外，还需注意到思想政治教育文化场景的感染作用，突出体现在对受众价值观念的深刻影响上。2021 年九一开学季，我国首部聚焦高校辅导员题材的电影《守望青春》在全国上映，影片是以"时代楷模""全国道德模范"大连海事大学曲建武老师的事迹为原型而进行的艺术性创作，受众在文艺作品所营造的文化场景中，深深地受到触动，心底不由得升起对教师、思政工作者这一平凡而又伟大群体的敬意，这些用智慧与爱为学生的成长成才做引路人的可敬师者，是新时代立德树人的"大先生"。大型民族歌剧《扶贫路上》将"七一勋章"获得者、"时代楷模"、优秀共产党员黄文秀的事迹搬上舞台，黄文秀同志代表的是 300 多万冲锋在前、奋战在"扶贫路上"的第一书记和驻村干部，代表的是牺牲在脱贫攻坚战中的 1800 多名同志，舞台上还原并塑造了充满细节感和艺术感染力的黄文秀，受众在场景的影响下，悄悄地走进人物的内心，无形间在情感上、精神上与之产生强烈的共鸣，受到深深的洗礼，向那些在新时代奋进前行、在新征程建立功勋的楷模致敬！

## （三）思想政治教育文化场景的熏陶作用

熏陶和感染的语义区别并不显著，究其细微差异可知：熏陶侧重于点点滴滴细微处沁浸，由近及远、由表及里、由浅入深波及与纵深影响。党的十八大以来，习近平总书记多次强调，要系统梳理传统文化资源，让收藏在禁宫里的文物、陈列在广阔大地上的遗产、书写在古籍里的文字都活起来。① 在这样的文化思想启发和号召下，近年来一批被传统文化灵感所赋能的新国潮作品呈现在大众视野，并且火速"出圈"惊艳了时代，例如，《只此青绿》《唐宫夜宴》《洛神水赋》《龙门金刚》等艺术作品所建构的一个个文化场景，使得受众置身其中受到浓郁的文化艺术熏陶，惊叹震撼于传统文化独特迷人魅力的同时，心底的民族认同感、文化自豪感也深深涌起。

以"北京人民艺术剧院戏剧博物馆"这一文化场景为例，解读其在思想政治教育上发挥熏陶作用的过程：作为我国第一座戏剧博物馆，北京人民艺术剧院戏剧博物馆在功能上体现了多元化与系统化的结合，博物馆集馆藏、研究、陈列展示功能于一身，丰富的图片、文稿、服道化与舞美设计构成了陈列主体，呈现了北京人艺 70 余年的风雨历程，穿梭于场景中的艺术家走廊、演员墙、作家墙等板块，受众无形间受到艺术人生的熏陶，艺术为人民而歌、艺术与时代同行的永恒魅力扎根心底。在人物展厅里，最特别之处就是中国杰出的现代话剧剧作家曹禺先生的书房，先生当年书房里的所有物件摆设都原封不动地被搬挪到这里——堆叠到书架顶部的满满的藏书，书桌上体现着岁月痕迹的老式台灯、先生的眼镜和时光沉淀的文案……整个场景处处都在无言地诉说着曹禺先生的创作日常，细微处的感染发挥着思想政治教育文化场景的熏陶作用，使受众无意识地将作家其人与其作品相关联，慨叹于当代作家对人性幽微深处的执着探索，更加深刻地理解其作品中呈现的中华文化独特的民族精神、美学意蕴和诗学正义。

对文化不断进行创造性转化和创新性发展的过程中，通过整合红色文化资源，传承红色文化血脉，进而产生了一系列优秀精粹的文化产

---

① 习近平. 加强文化遗产保护传承　弘扬中华优秀传统文化［J］. 求是，2024（8）：4-13.

品、文艺作品，它们所架构撑张的文化场景，对受众产生了浓郁的熏陶。例如，通过观看红色经典剧作，或亲自编排演绎红色历史情景剧，在对角色的诠释把握中，在对当时社会背景与历史逻辑的感受与解读中，可深刻体会共产党人为中华民族谋复兴、为中国人民谋幸福的初心使命，深刻体会革命理想高于天的壮阔澎湃、视死如归的无畏情怀。

综上所述，思想政治教育文化场景充分利用中华优秀传统文化的历史痕迹，将古风与新韵相契合，充分利用与时代同向、与人民同行的现当代优秀文化资源启心润智。总之，广泛存在于中华大地上的思想政治教育文化场景，是贯通历史、当下、未来的文脉载体，承载着中华文明独特的精神气质与价值取向，体现着文化的鲜明特色，在百年变局的国际背景中不同思想文化体系的纵横激荡下，对于巩固文化主体性的意义重大，对于发挥文化的浸润、感染、熏陶作用意义重大。

## 第三节　思想政治教育文化场景的运用

进入新时代，思想政治教育文化场景的运用，顺应了思想政治教育时代发展的客观要求，贴合当代受众群体的身心发展特点，与传统显性的思想政治教育活动相互补充、相互影响、辩证统一，共同作用于受众的思想政治素质发展过程，驱动思想政治教育实践不断创新。本节内容围绕思想政治教育文化场景的运用这一主题展开，主要从思想政治教育文化场景运用理念的践行、运用类别的划分、运用效果的评价三个角度深入阐释。

### （一）思想政治教育文化场景运用理念的践行

思想政治教育文化场景的运用，必须以全面贯彻党的教育方针、落实立德树人根本任务为出发点和落脚点。坚持为党育人、为国育才，积极推进全过程育人、全员育人、全方位育人，努力培养造就德智体美劳全面发展的社会主义建设者和接班人。具体而言，要在思想政治教育文化场景运用的过程中，通过将显性教育和隐性教育相结合，以文感人、以文化人、以德育人，不断提升受众的知识文化水平、思想道德素养。同时在过程中需要重点把握以下几方面的原则。

全面性与差异性相统一原则。面向全体，全面发展，因材施教。具体而言，在思想政治教育文化场景运用的过程中要坚持以人为本，在把握场景育人规律、掌握人才成长规律的基础上，关注不同受众的不同根基，关注不同受众在场景教育中的不同个性化、倾向化选择，关注个体的全面发展。既面向全体又有的放矢，有针对性地对不同受众施加教育影响。

知情并重、知行合一原则。具体而言，在思想政治教育文化场景丰富的立体层级感画面中，受众或有意识有计划或在难以被察觉的潜意识状态下搜集处理整合信息，进而提炼要点，不断丰富认知结构、提升认知层次，最终促进思想政治教育在实践层面进行转化，加快受众内化于心外化于行的过程，以自觉的高认知来指导实践，将小我融入大我、将青春献给祖国、将自身的社会实践和生命实践融入历史发展的潮流、融入中国式现代化的伟大实践、融入中华民族伟大复兴的历史洪流。

协同创新、合力育人原则。由思想政治教育的特殊性和人才发展的特殊性可知，受众的思政滋养是在点点滴滴的积累中形成的，受众的思想水平和政治觉悟的提升是在复杂合力的综合作用下产生的，是在多重渠道信息的碰撞冲击下被激发的，并不是单一向度的机械化叠加和简单生成，所以在思想政治教育文化场景运用的过程中，必须将显性教育与隐性教育相结合，整合校内外、线上线下包含的优质资源信息，协同创新，使得合力育人的功效发挥到最大程度。

**（二）思想政治教育文化场景运用类别的划分**

不同的思想政治教育文化场景中弥漫的精神氛围、气韵风格及给人带来的视觉体验、认知体验、思想体验都不同。在这一部分，我们将思想政治教育文化场景运用的类别进行系统划分，即思想政治教育校园文化场景的运用、思想政治教育社会文化场景的运用、思想政治教育网络文化场景的运用，接下来对此三部分具体展开解读。

第一，思想政治教育校园文化场景运用。校园文化是学校物质文化和精神文化相融合的积淀与呈现，是一所学校的根系与灵魂之所在，是学校生存和发展的重要精神依托与价值归属，是学生成长成才的土壤，所以要不懈推动校园文化与思想政治教育的全方位多层次契合，其中思想政治教育校园文化场景的运用作用尤为突出、意义尤为重大。一是要充分探索和挖掘客观物质呈现背后的思想意蕴、文化表达，例如，对校园的景观、建筑、陈列展示区域、雕塑等进行意义探寻，进而梳理和宣传其精神内涵与价值导向，让无声的场景"活起来""能表达"，发挥校园文化景观教化育人、润物无声的作用，令一花一木皆传情、一景一物皆有意。例如，笔者所在的辽宁工程技术大学，是一所地矿特色鲜明的高校，曾被誉为"煤炭行业的黄埔军校"，学校地处相对偏僻的辽西地区，扎根条件相对艰苦的煤炭行业，却在70余载的发展跋涉中，造就了行业惊人的奇迹，为国家的能源发展竭尽所能地贡献力量，谱写了不凡的史诗历程，而这背后的精神升华即"朴实无华、坚韧顽强、无私奉献"的太阳石精神表达，这种精神意蕴也融现于校园多处经典文化场景中，如太阳石广场、太阳石雕塑、校史馆等。二是围绕思想政治教育这一根本核心，举办各种不同具体主题的校园文化活动，例如，弘扬中华优秀传统文化、聚焦民族精神时代精神等主题活动，不断拓展和创新沉浸式育人场景的内涵，合唱、演讲、辩论等文体活动都是非常有趣、有一定宣传影响力并且可以成为意义载体的有效形式，如献礼国庆大合唱比赛、"一二·九"长跑活动、红色经典舞台剧、少数民族学生演讲比赛、传统文化进校园文化展示活动等。三是升级打造校园文化的网络场景，充分利用信息化大数据为其赋能，旨在突破虚拟与现实的界限、时空的界限，研发系列精品网络模块，展现系列精品成果，具体而言如主题推文、精品小视频、网上讨论、云分享等新媒体形式，为学生提供更自由、更能自主参与与表达、更具强烈代入感和交互感的场域，为学生突破信息茧房提供便利。这里需要注意的是，我们利用先进技术为生活、为教育赋能的同时，也在无形间接受着技术对受众的改造，技术也在反向塑造人类的思维和习惯，所以在充分借助智能网络的同时，社会、学校、教师要加强思想政治教育主导作用的发挥。

第二，思想政治教育社会文化场景运用。思想政治教育是终身教育的过程，与校园文化场景相对应的社会文化场景意义也十分重大，究其原因：对大中小学生的思想政治教育也是对社会主义合格建设者和可靠接班人的思想政治教育，如何把学校思想政治教育的宏观范畴延伸到社会层面，加深和延长其效果，令受众终身受用，是值得考虑推究的，而当下建设全民终身学习的学习型社会、学习型大国的理念传播与实践推进，也在一定程度上注重思想政治教育社会文化场景的运用，所以要充分利用思想政治教育社会文化场景的广阔空间，发挥育人功效，这一部分将思想政治教育社会文化场景依照不同的时间跨度、文化内涵加以梳理阐明。

中华优秀传统文化场景的运用：中华优秀传统文化以其源远流长、内涵丰沛、精彩纷呈、蔚然壮观等一系列特质卓然于世。2017年1月中央发布《关于实施中华优秀传统文化传承发展工程的意见》，这是党的历史上第一次以中央文件的形式专题阐述中华优秀传统文化的传承发展工作，意义极其重大。意见指出：文化是民族的血脉，是人民的精神家园。文化自信是更基本、更深层、更持久的力量。中华文化独一无二的理念、智慧、气度、神韵，增添了中国人民和中华民族内心深处的自信和自豪。在庆祝中国共产党成立100周年大会上，习近平总书记强调必须继续推进马克思主义中国化，坚持把马克思主义基本原理同中国具体实际相结合、同中华优秀传统文化相结合。正所谓：循大道，至万里。中华优秀传统文化是中国特色社会主义根植的文化沃土，习近平总书记明确提出"七个着力"的要求，其中包含要着力赓续中华文脉，推动中华优秀传统文化创造性转化和创新性发展。以文化人、文以载道的深厚智慧，熔铸于中华文明五千多年的悠久历史之中。新时代的今天，中华优秀传统文化的传承方式和传承内容不断更新，传统文化与时代同行，被赋予鲜明的时代特质，为我国现代化建设和文化软实力提升提供了滋养之源。

近年来，习近平总书记的足迹遍及孔庙、敦煌莫高窟、朱熹园、三苏祠、殷墟等100多处历史文化场景，习近平总书记纵观古今，站在历史的制高点自信地指出"中华文明源远流长，从未中断，塑造了我们伟大的民族，这个民族还会伟大下去的"。① 的确，在风雨沧桑中，感受中华文明生生不息的坚韧力量和穿透历史的厚重而折射出的独特魅力，具有极其深刻的意义。例如，作为中华优秀传统文化既经典又精粹的场景，同时也是记录展示中华民族现代文明的重要场域载体，国家博物馆集收藏、研究、展示、对外交流等功能于一身，负有较鲜明的历史责任和时代重任，2022年7月习近平总书记在回复中国国家博物馆老专家的信函中指出，要"推动文物活化利用，推进文明交流互鉴，守

---

① 王思北，周玮，施雨岑. 赓续历史文脉谱写当代华章 [J]. 求是，2023 (18)：51-57.

护好、传承好、展示好中华文明优秀成果"①。作为文化场景的国家博物馆呈现出、映照出中华优秀传统文化多元的重要因素及其相互作用、共同塑造中华文明中华文脉的微妙过程，将中华文明突出的特性即连续性、创新性、统一性、包容性、和平性，协调和合理地表达出来，对受众产生极其深远的影响。同时，国家博物馆也在积极践行将中华优秀传统文化创造性转化和创新性发展，让文物遗产活起来、动起来，用中国式逻辑、中国式的话语体系讲好中国故事，传播中国声音。除此之外，全国各地的博物馆也发挥着重要的育人作用，国家文物局最新数据显示，全国拥有6500多家博物馆，在庞大的数字背后，是浩繁的中华文化珍品与宝藏，是一个个思想政治教育文化场景的星火闪烁，是终将于无形间汇聚成强大育人合势的燎原之力。

近代中国革命文化场景的运用：近代中国的历史，在帝国主义列强的侵略下，在西方文明的强势冲击下，步履维艰地拉开了沉重的序幕。曾经傲立东方的文明古国、创造了辉煌灿烂历史的文明体、令西方望尘莫及的强大帝国，开启了在泥泞中跋涉、在沉沦中复兴的艰辛革命之旅。旧民主主义革命时期为国家寻找出路的探索与尝试，体现在农民阶级、地主阶级洋务派、资产阶级维新派和资产阶级革命派，逐一登上历史舞台，给出自身阶级视角下救国方案的过程。但最终的结果，均是失败，究其原因，包含客观上半殖民地半封建社会的背景下中外反动势力的阻挠反对甚至联合绞杀；主观原因则主要是每个阶级自身的局限性难以突破。新民主主义革命是在先前学习技术、改良制度，再到孙中山资产阶级共和国方案最终失败的基础上，经过新文化运动对国民性的改造，尤其是十月革命一声炮响给我们送来了马克思列宁主义，中国的先

① 中国国家博物馆．守护好、传承好、展示好中华文明优秀成果［J］．求是，2022（14）：25-29.

进分子将目光从西方转向东方，从资产阶级民主主义转向社会主义，给苦苦探寻救国之路的中国人指明了前进的方向，提供了崭新的选择！随后，巴黎和会上中国外交的失败作为直接刺激的导火索，引起了五四运动的爆发，历史在 1919 年的十字路口发生了重大转机，它以革命性、进步性、广泛性兼具的特点，推动了社会进步，促进了马克思主义在中国的传播；促进了马克思主义与工人运动的结合，为中国共产党的成立做了思想上干部上的准备，为新的革命力量、革命文化、革命斗争登上历史舞台创造了条件，成为新民主主义革命的开端。

时代波诡云谲，不屈的人民奋力向前，近代中国革命文化场景在这般苦难与辉煌中形成，场景中集中呈现的革命文物、革命文化作品就是宽厚宏大的革命精神的多重具象表现。例如，作为新中国第一座大型纪念性建筑工程的人民英雄纪念碑，它占据着天安门广场的中心位置，有着多维度的非凡意义。闪烁着金光的醒目碑文"人民英雄永垂不朽"镌刻着中华民族对英烈的无限敬仰，碑下须弥座的十幅浮雕，以写实的风格，立体生动逼真地展现了姿态不同、神情各异的英雄群像，他们是普通的工人、农民、士兵和学生等，他们是用鲜血和生命照亮来路，为民族英勇捐躯的英雄们，他们是平凡而又伟大的存在。身处这样的文化场景中，凝望浓缩中华民族奋斗历程的纪念碑，受众不禁自然地表达对革命先烈的哀思与深情，同时心底升起对中华民族伟大复兴中国梦的坚定信心和力量，沿着前辈的光辉足迹，在每一代人的长征路上继往开来、接续奋斗！

新时代中国特色社会主义文化场景的运用：党的十八大以来，中国特色社会主义进入新时代，这是我国发展新的历史方位，面对世界百年未有之大变局的加速演进，实现中华民族伟大复兴进入不可逆转的历史进程，在这至关重要的历史节点，习近平总书记高屋建瓴，突出强调意识形态工作的极端重要性，在思想文化和社会舆论领域正本清源的同时也不断进行守正创新，为新时代中国特色社会主义文化建设指明路径和方向，明确把文化自信纳入"四个自信"，习近平总书记指出"当代中国，江山壮丽，人民豪迈，前程远大"①，时代为文化的繁荣发展提供了前所未有的壮阔空间，新时代中国特色社会主义文化场景的搭建与营造过程，充分体现了思想精深、艺术精湛、制作精良的创设思路，那些为民族复兴发声，与人民同行、与时代共振的文化场景和文艺作品，既展现了当代中国文化的自觉与自信，又展现了中华文化一脉相承又与时俱进的独特魅力，还展现了中华文化的新气象新辉煌，对于启迪民智、凝聚民心民力、鼓舞振奋民族精神起到了至关重要的作用。例如，优秀文艺作品所营造的思想政治教育的文化场景。人民是历史的创造者，人民也是优秀文学艺术作品的灵感源泉，新时代的文艺创作扎根于人民真实又丰富的生产实践、社会实践、生活实践的沃土，老百姓的幸福生活和质朴深情铸就了优秀文艺作品的内涵和韵味，通过观看与体悟，受众从中深深感受到人民生活的幸福感、美好生活的获得感以及中华文化的认同感。《风味人间》和《我的温暖人间》是获 2023 年度中国影响力十大纪录片的两部作品，前者在人间烟火、万般滋味的背后探触的是中国人的饮食、生活的美学和哲学，后者通过 16 位主人公生活里的点滴片段，将普通人平凡生活中向上向善的坚定力量淋漓尽致地勾勒出来，令受众感受到时代变迁中人间的温情。

第三，思想政治教育网络文化场景的运用。思想政治教育网络文化场景即虚拟空间文化场景的运用。习近平总书记指出："要运用新媒体信息技术使工作活起来，推动思想政治工作传统优势同信息技术高度融合，增强时代感和吸引力。"② 通过信息技术重置、重现情境场景，人

---

① 坚定信心，振奋精神，团结奋斗 [N]. 人民日报，2023-10-04.
② 习近平在全国高校思想政治工作会议上强调：把思想政治工作贯穿教育教学全过程，开创我国高等教育事业发展新局面 [N]. 人民日报，2016-12-09.

工智能 AI 技术，在虚拟的文化场景中通过技术操控，参与者可以获得真实的体验感，而非执着于传统叙事对人物发展前景和事态发展前景的刻板总结。据新华网报道，2023 年 10 月 22 日全国首个以长征为主题的全域行浸式数字体验馆"红飘带"正式开馆。以数字化展现长征文化，通过声光电等设备和前沿科技，讲述漫漫征途的苦难与辉煌。如笔者所在的辽宁工程技术大学马克思主义学院，引进了思政教育 VR 体验区，通过虚拟仿真和人机交互技术重塑近代革命文化场景，戴上 VR 眼镜，受教育者就可以以无名英雄的角色进入情境场景，操作手柄选择行军路线、射击、与敌人智勇较量等一系列细节设计，真切感受血与火的洗礼，过程中较易实现受教育者的情感激化与升华，使得这一抹浓郁的革命红色，从不曾忘却的记忆延伸至心底的坚韧力量。网络文化空间主要体现在各种文博实体展览馆的线上主题活动、主题展、线上研学活动等，受众可以线上云游文博馆，尽情享受文化的盛宴。如 2023 年 1 月包含北京大学赛克勒考古与艺术博物馆、上海交通大学钱学森图书馆、哈尔滨工业大学博物馆在内的 70 所高校博物馆联合举办云上展览，130 件馆藏精品被展示，展览涵盖不同文化类别，从古韵风华到国之重器，从水墨丹青到古都文明……广大受众在精致典雅、恢宏大气的文化熏陶中，提升对中华文化的深度理解，感受文化自信的力量。

### （三）思想政治教育文化场景运用效果的评价

思想政治教育文化场景的构建与运用，优化了育人环境，提升了育人效果。同时，思想政治教育文化场景运用效果需要衡量评价，这也是思想政治教育工作中的重要一环，效果评价主要围绕是否实现思想政治教育工作的目的、任务、使命、宗旨等一系列宏观主旨而具体展开。进行效果评价虽然具有一定的困难性和挑战性，但通过对信息反馈的科学化系统化梳理解析，可以不断地对思想政治教育文化场景运用的过程进行改进调整。效果评价主要从受教育者和教育者两个角度来探讨。

从受教育者角度来看，可以通过调查问卷、典型访谈等途径开展信息收集工作，例如，通过李克特量表逻辑来设计问卷样本，以思想政治教育文化场景的受众作为受测者来进行作答，通过对受测者答案数据的系统分析，测试出客观性较强的多维度复杂认知和态度，进而对思想政治教育文化场景运用效果进行科学合理的评价。受教育者还可以通过自我陈述性的综合评价报告来自主展示学习成果，进一步查漏补缺，激发更深层次的学习动机，例如，一些高校在学生毕业前夕设置安排的大学生德育答辩环节就充分体现了这一点，整个大学四年专业性、系统性、综合性的学习过程，经过时间和空间的涵养，经过充分的酝酿、积累、发酵、沉淀、反思等过程，最终思政课程、课程思政、社会实践活动等综合发挥作用，形成一体化的协调良性互动，以受教育者自述答辩的形式主观阐发，也是对接受高等教育的综合性反思。

从教育者角度来看，积极发挥教育者的主导作用，重点对受教育者进行过程性评价，具体来讲，贯穿于整个场景教育过程的综合性、伴随式、个性化的评价，构建了包含行为反映、心理状态等考量因素在内的多元化的评价指标体系，对多模态数据的叠加分析，能使教育者更精准地勾勒出受教育者在思想政治文化场景中真实的动态发展画像，进而借力借势、顺势而为，不断在不同的认知梯度、思维层次上搭建思想政治教育的"脚手架"，令受众更加灵活地提升与发展。同时也巧妙使用总结性评价，以及两种基本评价方式相结合基础上教育者的反思性评价。最终针对具体受教育者在综合评述中加以反馈，使得整个思想政治教育文化场景中受众的体验和评价形成闭环，加深思政育人的效果影响。

思想政治教育文化场景运用效果的评价，充分体现了新时代思想政治教育的多重特点。其一，评价主体、评价内容和评价方式都趋于多元化发展，还有基于"AI赋能"的智能化评价，即通过大数据、可视化系统等记录获得成长过程，自动生成学习反馈。其二，强调学习评价的伴随性与动态性，包含学习前的预习测评与摸底、学习过程中的即时记录与反馈、学习后的总结性评价与追踪反馈，将效果反馈与评价贯穿整个思想政治教育文化场景的影响过程。其三，思想政治教育文化场景的效果评价本身具有多重功效，效果评价用以支撑、指导、提升受教育者的综合性思维水平，为受教育者形成自身独特的认知路径提供经验和准备。

总体来看，本章内容主要围绕思想政治教育文化场景的内涵、功能和运用展开：内涵部分对思想政治教育文化场景的生成、思想政治教育文化场景的重要性和新时代思想政治教育文化场景的特色进行了深入阐释；功能部分对思想政治教育文化场景的浸润、感染、熏陶作用进行了细致分析；运用部分对思想政治教育文化场景运用的原则理念、运用的手段、运用效果的评价三方面结合典型实例进行了解析性的梳理阐发。章节中列举的一系列典型文化场景既有民众所熟知的现实生活或网络生活中的精品项目，也有笔者所在高校辽宁工程技术大学的相关文化场景，旨在通过对一个个具体思想政治教育文化场景的剖析解读，明晰新时代背景下思想政治教育文化场景发挥作用的机制、逻辑及细节，突出思想政治教育文化场景在铸魂育人、培养社会主义合格建设者和可靠接班人过程中的重要作用，进而加大对其研究力度、促进其应用领域的广度和深度。

第八章

# 思想政治教育的数字场景

    党的二十大报告强调要加快建设数字中国，并首次明确提出："推进教育数字化，建设全民终身学习的学习型社会、学习型大国。"① 这是党中央科学把握事物的客观发展规律，站在战略全局的高度，着眼于实现高质量发展和全面建成社会主义现代化强国做出的重大战略决策。随着科学技术的快速发展，数字科技在各个领域中的应用越来越广泛。2021 年 3 月，《中华人民共和国国民经济和社会发展第十四个五年规划和 2035 年远景目标纲要》提出："迎接数字时代，激活数据要素潜能，推进网络强国建设，加快建设数字经济、数字社会、数字政府，以数字化转型整体驱动生产方式、生活方式和治理方式变革。"② 数字化环境已深入我们生活的各个领域，尤其在思想政治教育方面，数字化环境提供了前所未有的机遇，同时也带来了一系列的挑战。如何在这样的环境下，创新教育方式，提高教育效果，这是每一个教育工作者必须思考的问题。思想政治教育领域也被数字化浪潮所影响。在这种形势下，如何能够更加有效地利用数字化手段进行思想政治教育，已成为当今时代的

①　高举中国特色社会主义伟大旗帜　为全面建设社会主义现代化国家而团结奋斗：在中国共产党第二十次全国代表大会上的报告 [M]. 北京：人民出版社，2022：34.
②　中华人民共和国国民经济和社会发展第十四个五年规划和 2035 年远景目标纲要 [M]. 北京：人民出版社，2021：46.

一个重要研究课题。

在数字化环境下，思想政治教育的形式已经发生了深刻的变化。传统的面对面授课方式面临着来自各种网络在线课程、在线讨论等形式的新挑战。今天的学生可以通过网络平台获取信息并进行互动，这样的方式更能激发学生对于思想政治理论课学习的主动性和参与性。同时面对数字化环境下的新变化，我们需要采取新的教育策略来适应这种变化。正如马克思所讲，"各种经济时代的区别，不在于生产什么，而在于怎样生产，用什么劳动资料生产"①。教师在教学当中需要充分利用数字化工具，如多媒体、网络等，创新教学方法，提高教学的效果。同时教师需要关注学生的信息素养，引导学生正确使用网络资源，避免被错误信息误导。还需要注重线上线下的结合，既要利用数字化工具扩大教育的影响力，也要注重与学生面对面交流以提高教育的针对性和有效性。

科学技术飞速发展，数字化环境呈现出的主要特点可以概括为信息化、互动化和全球化。这些特点为思想政治教育提供了新的教学方式和手段。例如，互联网可以提供丰富的政治教育资源，教师可以根据学生的个体差异和学习需求灵活调整教学方式和内容。互动式的学习平台可以有效提升学生的学习兴趣，而全球化的信息快速流动，有助于培养学生的国际视野和全球意识。

然而，数字化环境带来这种变化的同时也迎来了新的挑战。首先，网络环境中信息的真伪有时难以辨别，不良信息的泛滥可能会误导学生的思想观念。其次，网络环境下的思想政治教育需要教师具备一定的信息技术能力，这对教师的职业发展提出了新的要求。最后，网络环境可能会影响学生的人际交往能力以及他们的社会适应能力。

因此，我们需要积极面对这些新的挑战，充分利用这些数字环境资

---

① 马克思恩格斯选集：第2卷［M］. 北京：人民出版社，2012：172.

源进行创新教育来提高教育效果。具体来说，一方面，我们要提升教师的信息素养，使他们能够熟练使用网络教学资源，提高教学效率和质量。另一方面，我们应该积极引导学生正确使用网络资源，学会辨别网络信息的真伪，养成良好的网络素养。此外，我们还需要创新思想政治教育的方式和方法。例如，利用互动式的学习平台，提高学生的学习兴趣和参与度。在数字化时代，我们更应当关注思想政治教育的人文关怀，培养出具有正确的价值观念和社会责任感的公民。同时通过一定的教育形式让学生能够理解并尊重社会的多元化，关注社会的公平和正义，培养他们的社会责任感和公民道德。只有这样，我们才能在这个数字化的时代，更好地进行思想政治教育。数字化环境对思想政治教育提出了新的要求和挑战，我们需要以开放的心态和创新的精神积极应对，不断提高教育质量和效果。

## 第一节　思想政治教育数字场景的内涵

在 21 世纪信息时代，随着信息技术的快速发展，数字化手段已经深入社会生活的各个领域。教育领域也因此发生了巨大的变革，特别是思想政治教育，其传统的教学模式正在被数字场景所变革。思想政治教育的数字化场景不仅涵盖了教育的内容，也深度融入了教育的过程，推动了思想政治教育的发展。思想政治教育的数字化场景已经成为一种趋势。以下我们将详细探讨这个话题。

一是我们必须明确，数字化场景的产生，是科技进步和社会发展的必然产物。在传统的思想政治教育中，教师通过课堂讲授，学生通过阅读和作业来学习。这种方法虽然经典，但也存在一些问题，比如，信息传递效率低、学生参与度低等。而数字化场景的应用，可以很好地解决这些问题。借助网络平台，教师可以快速、高效地传递课程信息，同时也能提高学生的参与度。二是思想政治教育的数字化场景，更能贴近大学生的生活内容。今天的大学生大多数在数字化环境中长大，对于数字化场景有着天然的亲近感。采用数字化场景进行思想政治教育，不仅可以提高思政课程教育的效率，也可以拉近教育与生活的距离，让学生在生活中实现思想政治教育的自然融入。三是思想政治教育的数字化场景并不是万能的，在使用的过程中也存在一些问题。例如，网络环境的复杂性可能会带来一些不良影响，比如网络暴力、虚假信息等。因此，我们在推进思想政治教育的数字化场景时，也需要做好相应的网络环境管理和教育引导。我们必须认识到思想政治教育的数字化场景是一把"双刃剑"。一方面，它可以提高思想政治教育的授课效率，让学生更好地融入思想政治教育场景；另一方面，我们在推动数字化场景的应用时，要做好平衡，让正面影响趋向最大化，不断地消除其产生的负面影响。在未来社会，随着科学技术的进步和社会的发展，我们有理由相信，思想政治教育的数字化场景将会更完善，更能满足社会和学生的学习需求。

### （一）思想政治教育数字场景的建构

在当今社会，数字化已经成为现代生活的重要组成部分。在教育领域，数字化的思想政治教育已经引起了广泛的关注。这种新型教育形式是以信息技术为基础、以思想政治教育为主题的数字化教学平台。那么，如何建构思想政治教育的数字场景呢？这正是我们需要深入研究和探讨的问题。

数字环境是思想政治教育数字场景的基础，它通过信息技术的发展和应用，使得教育场景得以数字化，为教育信息的传播和交流提供了新的途径。在数字化教育环境中，教师和学生可以跨越地理位置的限制，实现异地、异时的教学形式。数字化教育环境不仅改变了教育的空间形态，也提供了更加丰富和多元的教育资源，为思想政治教育的开展提供了更为广阔的平台。

思想政治教育数字场景，是指利用数字化工具和技术，构建得以提供思想政治教育为主旨的网络环境。它不仅包含传统的教学内容，同时融合了多媒体、交互式、情境式等现代教育理念和教学技术，使得学习变得更加具有生动性，更加贴近教学情境。习近平总书记指出："数字技术正以新理念、新业态、新模式全面融入人类经济、政治、文化、社会、生态文明建设各领域和全过程，给人类生产生活带来广泛而深刻的影响。"① 思想政治教育数字场景几乎涵盖了思想政治教育的全部内容。这是一项涉及信息技术和教育学的跨学科研究领域，它以数字技术为媒介，构建以学生为中心的思想政治教育互动环境，以提升教育效果和学生参与度。

我们需要明确思想政治教育数字场景的具体定义。简单来说，它是利用数字技术，如大数据、人工智能、虚拟现实等，构建出来的教育场景。在这样的场景中，教师可以更直观、生动地展示抽象的思想政治理论，学生也能通过互动形式，如线上讨论、模拟实验等，深化对知识的理解和感悟。思想政治教育数字场景的内容非常丰富。它不仅包括传统的课堂教学，还包括课外实践活动、社会实践、网络论坛等多种形式，全面覆盖学生的学习情境。具体来说，它可以是一个模拟的思想政治教育环境，让学生在其中体验和解决实际问题；也可以是一个反映社会问题的虚拟社区，让学生在观察、讨论中提升批判思考能力；还可以是一个集合各种思想政治理论资源的在线数据库，供学生随时查询和学习。思想政治教育数字场景的建设需要教育者的创新思维和技术支持。教育

---

① 习近平向 2021 年世界互联网大会乌镇峰会致贺信［N］. 人民日报，2021-09-27.

者需要根据教育目标和学生特点，设计出适合的数字场景，同时也需要有足够的技术能力和资源，将这些设计具体实现。这不仅需要教育者有深厚的教育理论基础，也需要他们跟上信息技术的发展步伐，不断学习和掌握新的技术工具。

思想政治教育数字场景的应用效果是我们关注的重点。一方面，我们要通过定性和定量的研究方法，如问卷调查、访谈、观察等，评价其在提高教学效果、增强学生参与度等方面的实际效果；另一方面，我们也要关注其可能产生的问题，如技术依赖性、信息安全性等，以便及时调整和改善。思想政治教育数字场景是一种新兴的教育形式，它以现代信息技术为基础，以学生为中心，提供了一种新的教育方式。然而，如何有效地建设和应用这种场景，还需要我们进行深入的研究和实践。

### （二）思想政治教育数字场景的内在逻辑

进入 21 世纪以来，数字技术的飞速发展和广泛应用，已经深刻改变了我们的生活方式，也推动了教育方式的变革。大数据与思想政治教育融合已然成为思想政治教育创新发展的重要趋势。特别是在思想政治教育领域，大数据已经被广泛应用，打破了传统教育的时间和空间限制，使教育更加展现出个性化和精准化。然而，数字化教育不仅仅是技术的革新，更是教育理念和方式的变革。因此，理解和探索思想政治教育数字场景的内在逻辑，对于我们理解和应对这一变革具有重要的理论指导意义。在新时代背景下，特别是思想政治教育，作为培养公民道德素质和社会责任感的重要手段，其教育方式和内容必须与时俱进。在这个过程中，对思想政治教育数字场景的内在逻辑进行探索，以期构建更加适应新时代特征的思想政治教育模式，是我们面临的重要课题。

我们需要明确，思想政治教育数字场景的内在逻辑，其核心是以数字化技术为手段，来提升思想政治教育的效果。数字化技术提供了多元化、互动性强的教学方式，如在线教育平台、虚拟现实技术、大数据等，这些都有助于提升学生的学习兴趣和教育效果。利用数字化技术进行思想政治教育，可以实现个体化和差异化的教学，即根据每个学生的学习能力、兴趣和需求，提供个性化的教学内容和方式。这样既可以提高学生的学习效率，也有助于培养他们的主动学习意识。

数字化技术可以实现思想政治教育的实时反馈和评估。通过大数据分析，教师可以实时了解每个学生的学习进度以及问题，以便有针对性地进行教学调整。同时，也可以利用数据分析，对思想政治教育的效果进行量化评估，为教育改革提供依据。然而，利用数字化技术进行思想政治教育，也存在一些问题需要我们关注。比如，数字化技术可能会加重学生的学习压力，导致他们过度依赖网络，久而久之可能会引发一系列社会问题。因此，我们在利用数字化技术进行思想政治教育的同时，也要注重培养学生的自我调节能力和批判性思维。

总而言之，思想政治教育数字场景的内在逻辑探索，是一个复杂而重要的课题。我们需要将数字化技术和思想政治教育有机结合，既要充分发挥数字化技术的优势，也要防止可能产生的一系列问题。只有这样，我们才能构建一个更加适应新时代特征的思想政治教育模式。

### （三）思想政治教育数字场景的建构方法

近年来，数字场景已逐渐成为教育领域的新趋势，尤其在思想政治教育中，其作用越发显著。然而，如何有效地建构思想政治教育的数字场景，以提升教育质量和效果，是教育工作者和研究者关注的焦点，以下我们将探讨思想政治教育数字场景的建构方法。

建构思想政治教育的数字场景，我们需要确立一个正确的教育理念。思想政治教育是一种引导过程，其目标是促进学生的全面发展，使其树立正确的世界观、人生观、价值观。因此，我们应该将学生的需求和发展放在首位，利用数字场景为他们提供个性化、差异化的学习体验。此外，我们还需要重视思想政治教育的实践性，通过数字场景，让学生能够在实践中感知和理解思想政治教育的相关内容。

建构思想政治教育的数字场景，我们需要利用信息技术，提供丰富、多样化的教学资源。包括建设在线教育平台、开发互动式教学软件、利用虚拟现实技术进行模拟教学等。这些教学资源不仅可以提高学生的学习兴趣，也可以帮助他们更深入、全面地理解思想政治教育的相关内容。建构思想政治教育的数字场景，我们也需要注重教学评估，可以利用大数据和人工智能技术，实时收集和分析学生的学习数据，了解学生的学习状态，及时调整教学方式。同时，我们还可以利用这些数据，对思想政治教育的效果进行量化评估，为教育改革提供依据。

建构思想政治教育的数字场景，一是我们需要预防学生过度依赖数字场景，忽视现实生活中的学习和实践；二是我们需要关注学生的网络素养，防止他们在网络环境中产生不良行为；三是我们需要注意保护学生的个人信息，防止数据泄露和滥用。建构思想政治教育的数字场景，是一个系统的工程，需要我们从多个角度进行理论建构和实践探索。我们不仅需要利用信息技术，提供优质的教学资源，还需要注重教学评估，以提高教育质量和效果。同时，我们还需要注意防止出现网络环境中的问题，保护学生的权益。只有这样，我们才能真正实现思想政治教育的数字化，为学生的全面发展奠定坚实的基础。

### （四）思想政治教育数字场景的价值目标

思想政治教育的根本任务是立德树人，这也决定了思想政治教育数字场景的价值目标是更好地落实立德树人根本任务。思想政治教育的数字场景对于提高教学效果具有重要的理论和实践价值。一是它打破了传统的教学模式，使得教学过程更加活跃，教学内容更加生动。二是它可以根据学生的学习需求进行个性化的教学，从而提高教学效果。三是它提供了丰富的教学资源，充分满足了多元化的教学需求。总体而言，思想政治教育的数字场景具有非常丰富的内涵，不仅包括了互动性、个性化、实时性和多元化等特点，而且对于提高教学效果具有重要的价值。随着数字化技术的进一步发展，思想政治教育的数字场景内容将会更加丰富多彩。建构思想政治教育的数字场景，我们需要利用信息技术，提供丰富、多样化的教学资源。这包括建设在线教育平台、开发互动式教学软件、利用虚拟现实技术进行模拟教学等。这些教学资源不仅可以提高学生的学习兴趣，也可以帮助他们更深入、全面地理解思想政治教育的相关内容。

## 第二节　思想政治教育数字场景的功能

随着信息化进程的推进，数字技术已深入教育教学的各个领域。作为一种前沿的教学手段，数字场景为思想政治教育带来了新的可能性。近年来，数字化教育场景已经成为教育改革的重要趋势，尤其对于思想政治教育，数字化场景为其带来了新的发展机遇和挑战。因此，对思想政治教育数字场景的功能进行深入研究，对于我们理解和推进思想政治教育的现代化具有重要的理论和实践意义。我们在这里重点探讨思想政治教育数字场景的功能。

### （一）思想政治教育数字场景的动态展示功能

在数字化时代背景下，大学思想政治教育的动态展示功能更显重要。"当今时代，数字技术作为世界科技革命和产业变革的先导力量，日益融入经济社会发展各领域全过程，深刻改变着生产方式、生活方式和社会治理方式。"① 这是因为数字技术的引入使思想政治教育的形式和内容发生了深刻的变化，使得思想政治教育从内容和形式上更加灵活、个性化，同时也给我们的教育方式带来了新的挑战和机遇。

数字场景能够丰富思想政治教育的形式。传统的教育方式往往局限于课堂讲授和课外活动，而数字场景则可以通过模拟实际情境、制作动态图像和视频等方式，使教育内容更加生动、形象，更能吸引学生的注意力，提高他们的学习兴趣。比如，通过虚拟现实（VR）技术，学生可以身临其境地体验历史事件，从而更好地理解和感受历史的重要性。数字场景能够动态展示教学内容，使抽象的思想政治理论变得更加形象生动。通过图像、动画、视频等多媒体形式，数字场景将复杂的政治理论知识转变为直观易懂的视听材料，极大地提高了学生的学习兴趣和参与感。

数字场景能够明显提高思想政治教育的表达效果。研究表明，通过数字场景这种方式进行课堂展示，可以促进学生主动学习和深入思考，提高学生的理解能力和创新能力。比如，通过数据分析和可视化，学生可以非常直观地看到社会现象背后的大数据和事物发展的规律，从而能够深入理解社会问题，提高他们的思维能力。随着数字化的发展，同时我们也面临着一些挑战。如何保证数字场景的合理使用，避免其成为教育的"陷阱"，这是我们需要关注的问题。例如，如何处理数字化带来的信息过载问题，如何提高学生的信息素养，如何保护学生的隐私和信息安全，都是我们需要思考的问题。

大学思想政治教育的数字场景的动态展示功能，既展现出了数字化的强大潜力，也为我们提出了新的挑战。我们需要在充分利用数字技术的优势的同时，也关注其可能带来的问题，以确保思想政治教育的质量

---

① 习近平向 2022 年世界互联网大会乌镇峰会致贺信［N］. 人民日报，2022-11-10.

和效果。

### （二）思想政治教育数字场景的模拟实验功能

数字场景能够模拟真实的社会环境，让学生在虚拟的环境中进行社会实践活动。学生可以通过角色扮演、模拟决策、情景对话等形式，亲身体验和实践思想政治理论，从而加深对思想政治理论的理解和掌握。数字化技术已经渗透到我们生活的每个角落。数字场景的模拟实验功能在各个领域中发挥着重要作用，尤其是在思想政治教育中。大学思想政治教育数字场景的模拟实验功能，已经成为我们提升教育效率、提高教育质量的重要途径。

我们需要理解何为大学思想政治教育数字场景的模拟实验功能。其实就是通过数字化技术，建立一个虚拟的思想政治教育环境，使得学生可以在这个环境中进行模拟实验，从而更好地理解和掌握思想政治教育的相关知识。大学思想政治教育数字场景的模拟实验功能，可以有效地提升教学效率。在传统的教学中，教师需要花费大量的时间和精力来解释复杂的概念和理论，学生往往需要通过听讲、记笔记、课后复习等方式来理解和掌握这些知识。而在数字场景的模拟实验中，学生可以直接参与到实验中，通过实践来理解和掌握知识，大大提高了学习效率。大学思想政治教育数字场景的模拟实验功能，也可以提高教学质量。在数字场景的模拟实验中，学生可以根据自己的学习进度和理解程度，选择适合自己的学习路径，而不是被动地接受教师的灌输式教学。这种方式不仅可以提高学生的学习兴趣，还可以提高学生的学习成绩和理解能力。

更重要的是，大学思想政治教育数字场景的模拟实验功能，可以让学生在模拟实验中了解和认识社会现实。在实验中，学生可以亲身体验到各种社会现象，从而更好地理解社会，更好地理解思想政治教育的功能性。大学思想政治教育数字场景的模拟实验功能，无疑是我们提升教育效率、提高教育质量的重要工具。我们需要利用好这个工具，让思想政治教育更加贴近学生，更加贴近社会，从而更好地完成我们的思想政治教育目标。

### （三）思想政治教育数字场景的个性教学功能

数字场景能够根据每个学生的学习进度和能力，提供个性化的教学方案。教师可以根据学生的学习数据，实时调整教学策略，尽可能满足每个学生的学习需求。现代教育理念的快速发展，使得数字场景在教育中的应用日益凸显出其重要性。尤其在大学思想政治教育中，数字场景的个性化教学功能如何得以体现，是我们在教学实践中需要深入研究的问题。

我们首先需要理解个性化教学的含义，个性化教学是指根据学生的学习需求和能力，设计并提供适合他们的教学方案。在数字场景中，教师可以利用大数据、人工智能等现代技术，实时掌握学生的学习进度和理解程度，从而针对性地调整教学策略。在大学思想政治教育中，数字场景的个性化教学功能主要体现在以下几方面。第一，数字场景能够提供丰富多样的教学资源。教师可以根据学生的兴趣和需求，选择合适的数字资源，如视频、动画、互动游戏等，以增强学生的学习兴趣，提高学习效率。第二，数字场景可以实现教学的个性化调整。根据学生的学习反馈，教师可以实时调整教学内容和方法，确保每个学生都能够得到适合自己的学习方式。第三，数字场景有助于培养学生的主动学习能力。通过互动式的学习模式，学生可以在掌握知识的同时，培养自己的思考能力和解决问题的能力。同时，我们也需要看到，数字场景的个性化教学功能的实现，离不开教师的专业素养和技术能力。只有当教师能够充分理解并应用数字技术，才能有效地在教学中实现个性化。总而言之，大学思想政治教育数字场景的个性化教学功能，不仅可以改善教学效果，提高思政教育的教学效率，还可以培养学生的主动学习能力和创新思维能力。在未来的教学实践中，我们应该进一步探索和优化数字场景的个性化教学应用，为新时代的大学思想政治教育贡献力量。

### （四）思想政治教育数字场景的互动交流功能

我们生活在一个数字化时代，一个信息传递速度比任何人所能想象的更快的时代。在这样一个时代，大学思想政治教育的互动交流功能显得尤为重要。在这个信息爆炸的时代，大学思想政治教育需要借助数字化场景，实现互动交流，以满足不断变化的社会需求。数字化场景的互动交流可以提高思想政治教育的效率。在传统的教育方式中，学生通常被动地接收信息，而在数字化场景中，学生可以主动参与，通过网络平台进行讨论、提问和回答，形成一种互动交流的模式。这样的模式可以使教育过程更加生动有趣，也可增强学生的学习动力。数字化场景的互动交流能够拓宽思想政治教育的信息渠道。通过网络平台，学生可以接触到更广泛的信息，包括国内外的新闻、政策、理论等。这样，学生可以更全面地了解和理解社会主义核心价值观，提高学生的思想政治素质。

数字化场景的互动交流可以提升思想政治教育的实践性。在数字化场景中，学生通过参与网上论坛、网络实践活动等形式，将所学知识应用到实践中提高他们的实践能力和解决问题的能力。我们也需要注意到数字化场景的互动交流存在一些问题，如信息安全、网络素质教育等。对此，我们在推进数字化场景互动交流的同时，要加强网络安全、网络素质教育以保障学生的信息安全，提高他们的网络素质。数字化场景的互动交流在大学思想政治教育中扮演着重要的角色。我们需要充分发挥其优势，解决存在的问题，以推动思想政治教育的现代化，使其更好地适应社会主义现代化建设的需求。

在未来，我们期待数字化场景的互动交流在大学思想政治教育中的应用能够更加深入和广泛，成为教育改革的一种重要手段，不断推动我国的教育事业向前发展。数字场景提供了丰富的互动工具，如实时聊天、论坛讨论、在线问答等，使教师和学生能够在任何时间、任何地点进行交流和讨论，激发学生的学习积极性，提高教学效果。

### （五）思想政治教育数字场景的评价反馈功能

在信息化时代背景下，大学思想政治教育也在不断地进行创新和升级。其中，思想政治教育数字场景的评价反馈功能，正在成为一种越来越重要的教学模式。以下我们将进一步探讨这一功能的重要性和实施方式。近年来，大数据、云计算、人工智能等技术的发展，使得数字化教学环境成为可能。数字化教学环境不仅提供了丰富多元的教学资源，也提供了个性化、智能化的学习方式，使得学习更加高效、个性化。在这样的背景下，思想政治教育数字场景的评价反馈功能显得尤为重要。一是评价反馈功能可以提高教学效果。通过对学生的学习行为、学习成绩等数据进行收集和分析，教师可以获知学生的学习状态，从而调整教学策略，提高教学效果。同时，学生也可以通过反馈了解自己的学习情况，及时进行自我评价、自我调整，提升学习效率。二是评价反馈功能可以促进教师的专业发展。教师可以通过反馈了解自己的教学效果，找到教学中的问题，进一步提高教学技能。这一点对于思想政治教育尤为重要，因为思想政治教育涉及的问题很深刻，需要教师具有高水平的教学技能和专业素养。三是评价反馈功能还可以推动教育教学改革。教育部门可以通过收集和分析教学过程中的数据，了解教学效果，从而调整教育政策，推动教育教学改革。这对于提高我国教育质量、推动教育公平具有重要的作用。

　　然而，实施评价反馈功能也面临着一些挑战。如何确保数据的安全性、隐私性，如何准确地解读数据，如何将数据转化为具有指导意义的信息，都是需要我们进一步探讨和研究的问题。大学思想政治教育数字场景的评价反馈功能具有重要的意义。我们需要不断地探索和研究，以便更好地利用这一功能，提高教育质量，推动教育改革；同时，也需要关注数据安全性和隐私性问题，避免数据滥用，保护学生的权益。数字场景能够对学生的学习行为进行跟踪和记录，提供详细的学习数据分析，实现对学生的精准评价；同时，学生也可以通过数字场景，对教师的教学进行反馈，实现教学的双向评价。

　　综上所述，随着数字化技术的不断发展和普及，思想政治教育场景的数字化已经成为一种不可逆转的趋势。数字化场景对思想政治教育功能的提升，不仅是技术进步带来的结果，更是教育改革的必然选择。我们应充分认识到这一点，积极应对新的挑战，抓住新的机遇，推进思想政治教育的现代化。在思想政治教育的数字化道路上，我们还有很长的路要走。我们需要进一步研究和探索，找出更有效的方法和策略，以实现思想政治教育的高质量发展。只有这样，我们才能在数字化时代，更好地完成思想政治教育的重任，为构建社会主义和谐社会做出更大的贡献。思想政治教育数字场景具有动态展示、模拟实验、个性化教学、互动交流、评价反馈等多种功能，为思想政治教育提供了强大的技术支持。随着数字技术的进一步发展，数字场景将在思想政治教育中发挥更大的作用。

## 第三节　思想政治教育数字场景的运用

　　在信息化时代背景下，数字场景在思想政治教育中的运用已经成为一个无法忽视的现象。它以其独特的优势，在提升教学效果、激发学生学习兴趣等方面发挥了巨大作用。我们需要认识到，数字场景在思想政治教育中的应用，实际上是信息技术与教育教学的深度结合，是现代教育技术发展的必然结果。在数字场景中，教学内容、教学方式、教学环境等都得到了全新的呈现，这无疑给思想政治教育带来了新的活力和可能。数字场景在思想政治教育中的运用，能够提升教学效果。在传统的教学模式下，学生往往是被动地接收知识，而在数字场景中，学生可以通过各种互动的方式参与到教学过程中，使得学习变得更加主动，同时也更容易理解和掌握知识。

数字场景还能够激发学生的学习兴趣。通过图像、动画、视频等丰富的多媒体手段，将枯燥的理论知识转化为生动有趣的学习内容，从而引发学生的学习兴趣，增强学习的积极性。数字场景在思想政治教育中的运用也面临着一些挑战。如何保障数字场景的科学性和有效性，如何避免数字场景成为"数字化"的装饰，如何更好地将数字场景融入思想政治教育的全过程，都是我们需要深入研究和解决的问题。在未来，随着信息技术的不断进步和发展，数字场景在思想政治教育中的应用将会更加广泛和深入。同时，我们也应看到，数字场景只是教育教学手段之一，最重要的还是教师的教学理念和教学能力的充分发挥。因此，我们不仅要探索数字场景的运用，也要注重提升教师的教学素质，以便更好地服务于思想政治教育的育人目标。总而言之，数字场景在思想政治教育中的运用，具有广阔的前景和巨大的潜力。我们应积极发掘其优势，克服其挑战，进一步提升思想政治教育的教学效果和教学质量。同时，我们也应始终牢记，教育的根本目标是培养学生的全面发展，而不仅仅是传授知识。我们将从以下几方面来探讨思想政治教育数字场景的运用。

### （一）思想政治教育数字场景的课堂教学运用

在信息化时代背景下，我们必须以全新的视角重新审视思想政治教育的课堂教学。传统的思想政治教育教学模式已经无法适应当前社会的发展需求，我们需要借助现代化的教学工具和手段，更好地开展思想政治教育。数字场景的课堂教学，作为一种新型的教学模式，正在逐渐被广大教育工作者所接受和使用。那么，如何有效地运用数字场景的课堂教育，提高思想政治教育的质量和效果呢？在课堂教学中，数字场景可以构建生动丰富的教学环境，通过音频、视频、动画等多媒体形式将抽象的政治理论知识变得形象直观，提高学生的学习兴趣。同时，教师也可以在数字场景中进行实时的教学反馈和评价，有效提高教学效果。

我们要明确数字场景的课堂教学的含义和目标，数字场景的课堂教学是指利用数字化的手段和工具，创造出丰富多彩的教育场景，以此吸引学生的注意力，激发学生的学习兴趣，提高思想政治教育的有效性。其目标是通过数字化的手段，使学生更好地理解和掌握思想政治教育的内容，形成正确认知和正确行为。数字场景的课堂教学的运用，需要我们具备一定的技术能力和教学策略。一是教师需要掌握一定的数字技术，包括计算机操作技能、数字资源搜索和处理技能、网络技术应用技能等。这些技能不仅能帮助教师更好地准备教学，也能使教师在教学过程中更加应对自如和得心应手。二是教师需要具备一定的教学策略，包括如何设计和组织数字场景，如何引导和激发学生的学习兴趣，如何有效地进行教学评价等。在具备了这些基础条件之后，我们就可以开始运用数字场景进行课堂教学。在这里，我们可以根据教学内容的需要，设计出各种各样的数字场景。例如，我们可以设计出历史事件的复原场景，让学生在亲身体验的过程中理解历史事件的发生和发展；我们也可以设计出现实生活的模拟场景，让学生在模拟的过程中理解和掌握思想政治教育的内容。

在运用数字场景的课堂教学时，我们还需要注意几个问题。一是，我们要尽量选择与学生生活紧密相关的场景，以此吸引学生的注意力，激发学生的学习兴趣。二是，我们要充分利用数字场景的互动性，让学生在互动的过程中主动学习，提高学习的主动性和自主性。三是，我们要注意教学评价的问题。我们可以设计出具有挑战性的任务，让学生在完成任务的过程中自我评价，也可以通过教师的评价和同伴的评价，帮助学生了解自己的学习情况，增强学习的效果。总而言之，数字场景的课堂教学是一种新型的教学模式，它能够有效地提高思想政治教育的质量和效果。教育者需要掌握相关的技术和教学策略。

### （二）思想政治教育数字场景的案例教学运用

在案例教学中，数字场景可以模拟真实的社会情境，让学生能够身临其境地感受和理解思想政治理论，从而加深对思想政治理论的理解与掌握。学生可以通过角色扮演、虚拟决策等方式进行社会实践活动，提高理论知识的实践应用能力。然而，这一切都需要我们在教学设计和实施过程中以学生为中心，充分考虑他们的认知需求和个体差异，以达到最佳的教学效果。

教师在设计数字场景时，需要充分挖掘社会现象和思想政治理论之间的内在联系，让学生在模拟的社会情境中直观地感受到理论的生动性和实用性。数字场景的设计应以实际生活中的社会问题为背景，将思想政治理论与实际问题相结合，让学生有机会运用理论知识解决具体问题，从而使政治理论的学习更加贴近生活。同时，教师也需要引导学生在数字场景中主动探索和思考，通过角色扮演和虚拟决策等社会实践活动，让学生在寻找问题和解决问题的过程中，深化对政治理论的理解。在这个过程中，教师不仅要提供足够的信息和资源，还要激发学生的主动性和创新性，引导他们从多角度、多维度去思考问题，从而提高他们的批判性思维和问题解决能力。然而，我们也要意识到，学生的认知能力和学习方式各不相同，教师需要在教学过程中充分考虑这些个体差异，以保证每个学生都能从数字场景中获得最大的学习效果。这就需要教师在设计和实施教学活动时，充分考虑学生的先验知识、兴趣、动机和认知风格，以及他们在社会实践活动中可能遇到的困难和挑战，提供个性化的指导和支持。

数字场景在案例教学中的应用，不仅可以帮助学生更加生动、直观地理解和掌握思想政治理论，也可以提高他们的社会实践能力和批判性思维能力。然而，要实现这些目标，我们需要在教学设计和实施过程中，始终以学生为中心，充分考虑他们的认知需求和个体差异，提供充足的支持和指导。同时，我们也需要不断反思和改进我们的教学方法，以适应新时代的教育需求和挑战。我们期待看到更多创新的数字场景和教学方法出现，以更好地服务于我们的学生，帮助他们更好地理解和掌握政治理论，为他们未来的学习和生活提供坚实的基础。

### （三）思想政治教育数字场景的自主学习运用

在自主学习中，数字场景为学生提供了丰富的学习资源和个性化的学习路径。学生可以根据自身的学习进度和理解情况，选择适合自己的学习内容和学习途径，实现自主、个性化的学习。但是，数字场景在推动自主学习的同时，也带来了一些挑战和问题。数字场景下的自主学习需要学生拥有良好的自我管理能力。在传统的面对面教学中，教师会对学生的学习进度进行监控和调整。但在数字场景中，这种监控和调整的机制可能会被削弱。因此，学生需要具备独立思考、计划和执行的能力，才能有效地利用数字场景中的学习资源。数字场景下的自主学习可能会加剧学生之间的学习差距。不同的学生对于同一份学习资源的理解和掌握程度可能会有所不同，这可能会导致学习效果的差异。因此，如何确保所有学生都能在数字场景中享受到高质量的教育，是教育工作者需要关注的问题。数字场景下的自主学习可能会对学生的社交能力造成影响。在传统的教室环境中，学生可以通过小组讨论、集体活动等方式，提升自己的社交能力。但在数字场景中，这种人与人之间的互动可能会被削弱，这可能会对学生的社交能力造成一定的影响。

尽管存在这些挑战和问题，但我们不能否认，数字场景为学生的自主学习提供了无比丰富的学习内容。在这个过程中，教育工作者的角色也发生了变化。他们不再是知识的传授者，而是学生学习的引导者和支持者。为了充分利用数字场景的优势，教育工作者需要对学生进行引导，帮助他们建立良好的自我管理能力，提高他们的自主学习效果。同时，教育工作者也需要密切关注学生的学习进度，及时调整教学策略，确保所有学生都能从中受益并得到启发。此外，教育工作者还需要创造一种能够支持学生社交的数字环境，比如，通过在线小组讨论、远程集体活动等方式，提升学生的社交能力。这不仅可以提高学生的学习效果，也可以帮助他们在数字时代建立良好的社交网络。数字场景为学生的自主学习提供了新的可能性。虽然在这个过程中可能会遇到一些问题，但只要我们能够妥善处理，就可以让学生在数字场景中实现自主、个性化的学习，享受到高质量的教育。

### （四）思想政治教育数字场景的互动交流运用

数字场景还可以在互动交流中运用多种交流工具，如实时聊天、在线讨论等，使教师和学生可以在任何时间、任何地点进行交流和讨论。这不仅可以激发学生的学习热情，也可以增强学生的团队协作能力。思想政治教育数字场景的运用对于提升教学效果、激发学生学习兴趣、加强教师与学生之间的交流等方面都起到了积极的作用。随着技术的不断发展和教育理念的更新，我们有理由相信，数字场景在思想政治教育中的运用将更加广泛和深入。在思考数字场景在思想政治教育中如何发挥作用时，我们首先需要理解什么是"数字场景"。数字场景是一种通过数字化技术构建的虚拟环境，它将真实世界的元素以数字形式呈现，为人们提供一个互动、体验和学习的平台。在教育领域，数字场景的应用为教育者和学习者提供了全新的教学和学习方式。

数字场景在思想政治教育中的运用可以增强学生的学习体验。传统的教育方式往往只是教师在课堂上讲授理论，学生通过听讲和记笔记来学习。而在数字场景下，学生可以通过互动、模拟等方式，更直观、更生动地理解和领会理论知识。例如，通过模拟社会实践活动，学生可以更直观地理解社会主义核心价值观的含义和重要性。通过这种方式，数字场景不仅可以提高学生的学习效果，还可以激发学生的学习兴趣。

数字场景的运用可以促进教师和学生之间的交流和互动。在数字场景中，教师可以通过实时聊天、在线讨论等方式，随时与学生进行交流和讨论。这一点与传统的面对面教学方式有很大的不同。在传统的教学方式中，教师和学生的交流通常是在课堂上进行的，而在课堂之外，教师和学生的交流机会相对较少。而在数字场景中，教师可以在任何时间、任何地点与学生进行交流，这不仅可以增强教师与学生之间的交流，还可以帮助教师更好地了解学生的学习情况，及时调整教学策略。数字场景的运用也可以提高教育的效率和效果。在数字场景中，教师可以利用各种数字化工具，如教学资源库、在线测试系统等，来提高教学效率。同时，通过数据分析，教师可以及时了解学生的学习进度和学习效果，从而更好地指导学生的学习。以上只是数字场景在思想政治教育中应用的一部分，随着技术的不断发展和教育理念的更新，我们有理由相信，数字场景在思想政治教育中的应用将更加广泛和深入。我们期待未来的教育能通过数字场景的运用，实现更有效、更充实的教学活动，提高教育的效果和质量，为学生提供更好的学习体验和环境。数字场景在思想政治教育中的应用正在不断发展和深化。数字场景不仅能够丰富教学方式，提高教学效率，更能够提供更为生动、真实的学习环境，帮助学生理解和领会思想政治知识。我们需要理解数字场景的概念。在这个环境中，我们可以模拟真实的情境，进行各种实验和体验。在教育领域，数字场景可以模拟真实的教学环境，提供给学生更为真实、生动的学习体验。

在思想政治教育中，数字场景的应用有着重要的价值。一方面，数字场景可以帮助学生更好地理解和掌握思想政治知识。传统的思想政治教育往往依赖于文字和语言，而数字场景可以提供更为直观、生动的视觉体验。通过数字场景，学生可以更直观地看到社会的运行机制、政权的运作方式、人民的生活状况等，从而更好地理解和掌握思想政治知识。另一方面，数字场景可以提高思想政治教育的教学效率。在数字场景中，教师可以模拟各种真实的情境，进行情境教学。情境教学是一种以问题、任务或项目为中心，让学生在解决问题、完成任务或项目的过程中，主动构建和发展知识的教学方式。在数字场景中，学生可以更好地参与到教学活动中，提高学习的主动性和积极性。数字场景在思想政治教育中的应用还有很大的发展空间。随着科技的不断发展，我们有理由期待，未来的数字场景将更加真实、更加多元，能够提供更丰富、更深入的学习体验。

我们有理由相信数字场景能够提供更真实的学习环境。从当前科学技术的发展趋势来看，随着虚拟现实等技术的发展，未来的数字场景将变得更加生动、真实。在这样的环境中，学生能够更好地理解和领会思想政治知识，并且从数字场景当中获得更深入的学习体验。在数字场景中，学生可以融入社会的各个层面，能够看到社会的运行机制，理解社会的复杂性，数字场景在思想政治教育中的应用也将会更加广泛和深入。

　　思想政治教育的数字场景昭示着人类数字化生存的未来图景，为思想政治教育创新发展带来新的契机。作为虚拟现实、穿戴设备、脑机接口等媒介要素的聚合形态，为思想政治教育活动的发生提供了多维感官投射的虚拟仿真环境，思想政治教育需要把握前沿科技孕育的时代机遇，围绕数字场景、时空格局、叙事结构的变革方向。我们需要把握好这些机遇，积极应对挑战，使思想政治教育更好地适应时代的发展，发挥其应有的作用。只有紧跟时代步伐，我们才能更好地塑造未来良好的社会风貌和精神风貌。在这个过程中，我们需要充分利用前沿科技的优势，推动思想政治教育与科技的深度融合，创新教育方式和方法，提升教育效果和影响力。与此同时，我们也需要清醒地认识到我们所面临的时代问题，并不断反思和审视思想政治教育的内容和方法，确保我们所研究的问题符合时代发展的要求和人民的需求。只有这样，我们才能真正把握住前沿科技所孕育的时代机遇，积极推动思想政治教育在新时代中焕发出新的生机和活力。

# 参考文献

一、著作类

［1］马克思恩格斯选集：第1—4卷［M］．北京：人民出版社，2012.

［2］马克思恩格斯文集：第1—10卷［M］．北京：人民出版社，2009.

［3］列宁全集：第1—4卷［M］．北京：人民出版社，2012.

［4］毛泽东选集：第1—4卷［M］．北京：人民出版社，1991.

［5］邓小平文选：第1、2卷［M］．北京：人民出版社，1994.

［6］邓小平文选：第3卷［M］．北京：人民出版社，1993.

［7］江泽民文选：第1—3卷［M］．北京：人民出版社，2006.

［8］胡锦涛文选：第1—3卷［M］．北京：人民出版社，2016.

［9］习近平谈治国理政：第1卷［M］．北京：外文出版社，2014.

［10］习近平谈治国理政：第2卷［M］．北京：外文出版社，2017.

［11］习近平谈治国理政：第3卷［M］．北京：外文出版社，2020.

［12］习近平谈治国理政：第4卷［M］．北京：外文出版社，

2022.

[13] 决胜全面建成小康社会　夺取新时代中国特色社会主义伟大胜利：在中国共产党第十九次全国代表大会上的报告 [M]. 北京：人民出版社，2017.

[14] 高举中国特色社会主义伟大旗帜　为全面建设社会主义现代化国家而团结奋斗：在中国共产党第二十次全国代表大会上的报告 [M]. 北京：人民出版社，2022.

[15] 中华人民共和国国民经济和社会发展第十四个五年规划和2035 年远景目标纲要 [M]. 北京：人民出版社，2021.

[16] 习近平关于网络强国论述摘编 [M]. 北京：中央文献出版社，2021.

[17] 思政课是落实立德树人根本任务的关键课程 [M]. 北京：人民出版社，2020.

[18] 习近平在哲学社会科学工作座谈会上的讲话 [M]. 北京：人民出版社，2016.

[19] 习近平关于社会主义文化建设论述摘编 [M]. 北京：中央文献出版社，2017.

[20] 习近平在纪念中国人民抗日战争暨世界反法西斯战争胜利 70 周年系列活动上的讲话 [M]. 北京：人民出版社，2015.

[21] 冯刚. 探索思想政治教育发展的内生动力 [M]. 北京：人民出版社，2017.

[22] 张耀灿，等. 现代思想政治教育学 [M]. 北京：人民出版社，2006.

[23] 陈万柏，张耀灿. 思想政治教育学原理 [M]. 北京：高等教育出版社，2015.

[24] 郑永廷. 思想政治教育方法论 [M]. 北京：高等教育出版

社，2022.

　　[25] 沈壮海. 思想政治教育有效性研究［M］. 武汉：武汉大学出版社，2016.

　　[26] 阎峰. 场景即生活世界：媒介化社会视野中的场景传播研究［M］. 上海：上海交通大学出版社，2018.


二、期刊类

　　[1] 黄冬霞. 场景化传播驱动思想政治教育创新的时代价值和实践策略［J］. 思想理论教育，2022（11）.

　　[2] 张笑然. 论思想政治教育的场景化［J］. 思想理论教育，2023（10）.

　　[3] 刘智斌，夏雅敏，王晓青. 网络思想政治教育流动育人场景的构建［J］. 思想理论教育，2016（7）.

　　[4] 王寅申，朱忆天. 沉浸传播时代思想政治教育的发展变革与价值澄明［J］. 思想理论教育，2021（4）.

　　[5] 潘一坡，项久雨. 思想政治教育时空论［J］. 思想教育研究，2020（11）.

　　[6] 郜书锴. 场景理论的内容框架与困境对策［J］. 当代传播，2015（4）.

　　[7] 彭兰. 场景：移动时代媒体的新要素［J］. 新闻记者，2015（3）.

　　[8] 吴军. 城市社会学研究前沿：场景理论述评［J］. 社会学评论，2014（2）.

　　[9] 李田田. 词源、理论、思维方式：场景的学术史探究［J］. 科技传播，2023（7）.

　　[10] 付宇，桂勇. 当丰裕一代遭遇资产社会：解读当代青年的社

会心态 [J]. 文化纵横, 2022 (2).

[11] 周琦. 目标与手段的背离: 大学生"隐性逃课"的社会学分析 [J]. 当代青年研究, 2001 (3).


### 三、报纸类

[1] 习近平在全国高校思想政治工作会议上强调: 把思想政治工作贯穿教育教学全过程, 开创我国高等教育事业发展新局面 [N]. 人民日报, 2016-12-09.

[2] 携手同行现代化之路: 在中国共产党与世界政党高层对话会上的主旨讲话 [N]. 人民日报, 2023-03-16.

[3] 习近平在中共中央政治局第九次集体学习时强调: 铸牢中华民族共同体意识 推进新时代党的民族工作高质量发展 [N]. 人民日报, 2023-10-29.

[4] 习近平向 2021 年世界互联网大会乌镇峰会致贺信 [N]. 人民日报, 2021-09-27.

[5] 习近平向 2022 年世界互联网大会乌镇峰会致贺信 [N]. 人民日报, 2022-11-10.

[6] 习近平在文化传承发展座谈会上的讲话 [N]. 人民日报, 2023-09-01.

[7] 习近平对宣传思想文化工作作出重要指示强调: 坚定文化自信秉持开放包容坚持守正创新为全面建设社会主义现代化国家全面推进中华民族伟大复兴提供坚强思想保证强大精神力量有利文化条件 [N]. 人民日报, 2023-10-09.

# 后　记

　　党的十八大以来，以习近平同志为核心的党中央高度重视思想政治工作，将思想政治教育在落实立德树人根本任务中的战略地位和作用提升到了前所未有的高度，并采取一系列有效措施进一步加强和改进新时代思想政治工作。党的二十大报告明确指出，中国共产党的中心任务是团结带领全国各族人民，以中国式现代化全面推进中华民族伟大复兴。艰巨而又光荣的使命重塑着复杂而又丰富的时代"场景"，为新时代思想政治教育发展提出了新任务新挑战新要求。当前，"两个大局"相互激荡，"两个百年"相互交替，网络化、信息化、数字化、智能化不断演进，在如此恢宏的时代"场景"中，思想政治教育环境、主体、客体、手段、方法、效果等要素在发生着深刻的变革。这就要求思想政治教育工作者，聚焦思想政治教育场景相关问题，展开体系化的理论研究与实践探索，进而系统性回应新时代思想政治教育发展和创新面临的一系列重大现实问题。在此背景下，我们组织辽宁工程技术大学思想政治教育学科领域中的青年学者共同研究撰写的《思想政治教育场景论》正式出版了。

　　本书由辽宁工程技术大学马克思主义学院院长金国峰教授负责全书策划和框架设计。经过编写组多次研讨和认真准备，编写工作于2023年9月正式启动。全书具体分工如下：绪论（金国峰）、第一章（王明雪）、第二章（尹俏）、第三章（徐杨）、第四章（闫莉）、第五章（冯锐姿）、第六章（巴德龙）、第七章（何淼）、第八章（李兴利）。参与统稿、修订的专家学者有金国峰、尹俏、王明雪。

本书的编撰除了参考马克思主义经典著作以外，还参考了部分专家学者的研究成果，在此深表感谢！文中采用脚注方式进行了标明，还在书末列出了主要参考文献。本书在研究过程中得到 2023 年度辽宁工程技术大学人文社会科学研究揭榜挂帅项目——习近平新时代中国特色社会主义思想理论体系研究（课题编号：23-A020）的支持，也是该课题的阶段性成果。

本书力求在理论与实践的深度结合中阐述"思想政治教育场景论"的科学逻辑和丰富内涵，并为思想政治教育工作者的场景理论研究与实际工作提供指导，但由于时间有限、工作量较大，一些观点还有待深入探讨，对于本书的局限与不足只能留待今后补充与修正，我们也真诚地希望各位专家、读者批评指正。

编　者

2023 年 12 月